1 MONTH OF
FREE
READING

at
www.ForgottenBooks.com

By purchasing this book you are eligible for one month membership to ForgottenBooks.com, giving you unlimited access to our entire collection of over 1,000,000 titles via our web site and mobile apps.

To claim your free month visit:

www.forgottenbooks.com/free993640

ISBN 978-0-260-95635-4
PIBN 10993640

welche

Sich Seine Durchlaucht

der regierende

Herr Herzog von Braunschweig

gegen

Ihren erhabenen Vormund

und die

während Ihrer Minderjährigkeit mit der Verwaltung Ihrer
Lande und Ihrer Erziehung

beauftragten Männer

erlaubt haben.

Neue, unveränderte-Auflage.

Hannover:
In der Hahn'schen Hof-Buchhandlung.
1827.

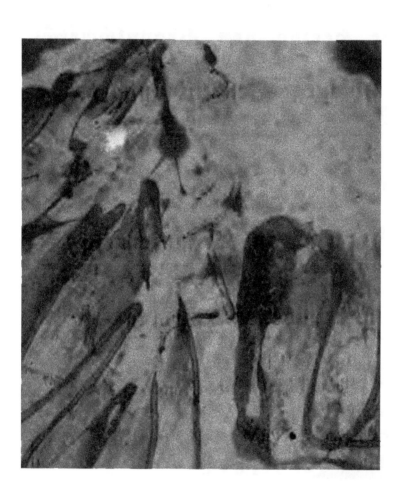

S. Martins Kirch.

Waisen Hauß.

S. Andreæ Haubt Kirch.

Das Rath-Hauß.

13. S. Georgen.

14. Das Dohm Stifft.

15. Das Closter auf der Sültzen.

16. Osten Thor.

25. S. Lambati Kirch auf der Neustatt.

26. Kleine Spithal Kirch.

27. S. Gotthards Closter der P.P. Benedictiner.

28. Innerste Fluß.

88

Vorwort.

Man schmeichelte sich vergebens, daß ein am 10ten Mai d. J. unter dem Namen des regierenden Herrn Herzogs von Braunschweig erlassenes Edict, die letzte gewagte Beleidigung Seiner Durchlaucht gegen den König, meinem erhabenen Herrn, seyn werde.

Die entschiedene Mißbilligung, welche die ersten Höfe Deutschlands über die unerhörte Verfolgung des würdigen Geheimen-Raths von Schmidt-Phiseldeck an den Tag legten, hätte hinreichen müssen, Seiner Durchlaucht über die äußerste Unbedachtsamkeit Ihres Verfahrens die Augen zu öffnen.

Diese Warnung ist ohne Erfolg geblieben. Der Herzog hat eine Schmähschrift drucken und vertheilen lassen, in welcher den von Seiner Majestät während der Minderjährigkeit Ihrer Durchlaucht mit der Verwaltung des Herzogthums Braunschweig und der Erziehung des Herzogs beauftragten Personen, Verbrechen zur Last gelegt werden, die nur unter

Mitwissen des Königs Selbst wären möglich gewesen.

Die Mißbilligung, der Unwillen, den diese Schrift
erregt, und die Art, wie diese Gefühle von den Höfen ausgedrückt wurden, welche den unsrigen von diesen Beschuldigungen vertraulich in Kenntniß setzten, ließ
uns hoffen, daß wir dazu würden schweigen dürfen.

Aber es scheint, der Herzog will Sich in Seiner
unglücklichen Laufbahn nicht aufhalten lassen. Seine
Durchlaucht hat eine Uebersetzung Ihrer Schmähschrift
an den ersten Prinzen des Königlichen Hauses, und
selbst an einen der Räthe bei der unter meiner Leitung
stehenden Deutschen Canzley des Königs gesendet, und
ganz neuerlich eine zweite zur Uebergabe an den Bundestag bestimmte und mit Beleidigungen gegen den
König und Seinen Minister angefüllte Schrift aus-
arbeiten lassen; und wenn der Wiener Hof das allgemeine Aergerniß, welches deren förmliche Ueberreichung unfehlbar erregt hätte, bis jetzt verhütet hat,
so mußte doch der Herzog die heilsamen Rathschläge
des Kaiserlichen Hofes durch vorläufige Versendung
Seiner Schmähschrift an fast alle Deutschen Regierungen zum Theil zu vereiteln.

Der Herzog steht in dem Glauben, daß Sein
Stand als unabhängiger Fürst Ihn vor den Folgen

Seines Verfahrens schütze, aber Er scheint darüber zu vergessen, daß es hier einer Sache gilt, welche dem größten Herrscher wie dem geringsten Unterthan gleich theuer seyn muß: der Erhaltung seines guten Namens; daß der eine wie der andere verbunden ist, jene Reinheit der Ehre zu bewahren, welcher, wie ein berühmter Schriftsteller sich ausdrückt: *) jeder Flecken für eine Todeswunde gilt; und daß die falsch befundene Anklage auf ihren Urheber zurückfällt!

In welchem Lichte wird nun der Herzog erscheinen, wenn jetzt die Welt, die Er selbst zum Richter zwischen uns aufruft, die unwiderleglichen Beweise erhält, daß es Seiner Durchlaucht unmöglich war, Sich über die wahre Beschaffenheit der Thatsachen zu verblenden, welche Sie so bestimmt vorzubringen wagen, obgleich Sie die Beweise des Gegentheils Ihrer Behauptungen in eigenen Händen haben!

Der König ist über des Herzogs Angriffe erhaben. Was mich betrifft, so glaube ich, ohne Eitelkeit, den Zeitgenossen hinlänglich bekannt zu seyn, um ihr Urtheil nicht zu fürchten. Ich habe die Hälfte eines langen Lebens an mehreren der ersten Europäischen Höfe zugebracht, und bekleide seit nun mehr als 23

---

* Ferrand, Esprit de l'Histoire.

Jahren die Stelle eines Cabinets-Ministers bei der Person meines Königlichen Herrn; ich habe während der Minderjährigkeit des Herzogs die Braunschweigische Regierung geleitet, und endlich an mehreren der großen Verhandlungen unserer Tage einen thätigen Antheil genommen. Mehrere der ersten Fürsten Europa's haben mir schmeichelhafte Beweise ihrer Zufriedenheit mit meinem politischen Betragen gegeben, und bis jetzt ist niemand, der je meinen Ruf zu beflecken versucht hätte. Der Herzog von Braunschweig ist der erste.

Der Glanz, welcher den durchlauchtigen Namen Seines Hauses umgiebt, und Sein Rang unter den Fürsten Deutschlands könnten Seinen Beschuldigungen Gewicht geben. — Sie werden eine Schrift zu einem historischen Denkmahl machen, welche, aus jeder andern Feder geflossen, der Vergessenheit anheim gefallen seyn würde. Das Uebergewicht, welches Ihm Seine Stellung als Herzog giebt, könnte in künftigen Zeiten dem Ruf derjenigen schaden, die er beleidigt, ja selbst der geheiligte Name des Königs durch die Leichtgläubigkeit der Menschen für die grundlosesten Anklagen, und durch die Bosheit eines Geschlechts leiden, welches Ihn nicht mehr gekannt haben wird!

" Es liebt die Welt das Glänzende zu schwärzen,
Und das Erhabne in den Staub zu ziehn."

Aus diesen Gründen hat der König mir befohlen, die Schmähschrift Seiner Durchlaucht, wie folgt, zu widerlegen.

Der Herzog beschuldigt mich gemeinschaftlich mit Herrn von Schmidt-Phiseldeck, des Planes, ihn durch Seine Erziehung körperlich und geistig regierungs-unfähig zu machen. Er wiederholt die Klage über ungesetzmäßige einjährige Verlängerung der Vormundschaft, über unrechtmäßige Veräußerung verschiedener Regentenrechte; er beschuldigt mich endlich, in eigenhändigen Briefen, womit Er Seine Schrift überschickt hat, der Feindschaft gegen Sein Land, weil ich dem König zu der Aufnahme des Herrn von Schmidt-Phiseldeck, des vorzüglichsten Gegenstandes Seines Hasses, in Hannoversche Dienste gerathen hätte.

Ließe sich ein schwärzeres Verbrechen erdenken, als ein ähnlicher Mißbrauch der vormundschaftlichen Befugnisse?

Ich bin weit davon entfernt, mir das Verdienst der Kraft beizulegen, womit Sich der Herzog, wie Er uns sagt, aus der Ihm angeblich gelegten Schlinge gezogen haben will; aber eben so wenig möchte ich in den Augen derjenigen für schuldig gelten, welche (ohne Zweifel mit Unrecht) Seine Erziehung für verfehlt halten könnten. Was die Dauer der Vormundschaft betrifft, so fürchte ich weit mehr den Vorwurf derer, welche uns wegen ihrer vorzeitigen Beendigung anklagen, als den der Menschen, welche den Herzog überredet haben: "Seine Unterthanen bedauerten, die Segs- "nungen Seiner Regierung nicht schon ein Jahr "früher genossen zu haben."*

Was meine vermeintliche Feindschaft gegen das Braunschweigische Land betrifft, so darf ich wohl fragen: Woher könnte sie entstanden seyn? und wodurch habe ich sie bewiesen?

Im Laufe von mehr als acht Jahren, die ich an der Spitze der Verwaltung dieses Herzogthums gestanden, habe ich ununterbrochene Beweise von dem vortrefflichen Geiste der Unterthanen und dem ausgezeichneten Verdienst der Beamten erhalten. Sie haben die Dienste anerkannt, die ich ihnen erweisen konnte.

Seine Durchlaucht allein hat sich undankbar gezeigt. Ohne darüber auch nur eine Klage zu verlieren, habe ich dem Herzog Dienste geleistet, selbst nach Beendigung der Vormundschaft. Er ließ mich zu zwei verschiedenen Malen bitten, noch ferner die Besorgung

---

* Bescheidner Ausdruck in der Braunschweigischen Antwort auf die Gegenerklärung des Königs.

Seiner etwaigen Englischen Geschäfte zu übernehmen;
und wenn ich gleich diesen Antrag ablehnte, so beförderte ich nichts destoweniger alle Vereinbarungen, welche die Hannoversche und Braunschweigische Regierung
mit einander zu treffen hatten, und selbst das neueste
Verfahren des Herzogs konnte mich nicht abhalten,
dem Könige die Genehmigung unserer Gränz= und
Zoll=Verträge zu empfehlen.

Sollten Sich einmal Seine Durchlaucht gemüßigt
sehen, der Verwaltung Ihrer Angelegenheiten während der Minderjährigkeit eine ernstliche Aufmerksamkeit zu schenken, so werden Sie ihr Unrecht gegen den
König, Ihr Unrecht gegen die Personen die Sie jetzt
verfolgen, erkennen müssen.

Ich kann meine aufrichtige Theilnahme an dem
Glück der Unterthanen, welche die Vorsehung Ihm
anvertraut hat, nicht besser als in dem Wunsche darlegen, daß der Herzog den Weg wandeln möge, welchen Sein erhabener Vormund Ihm vorgezeichnet hatte.

Es bedarf nur noch weniger Worte über die
Schmähschrift und über einige Ausdrücke, welche Seiner Durchlaucht in den sie begleitenden Briefen entfallen sind.

Der Herzog spricht darin aus einem Tone, den man

für Drohung nehmen könnte. Ich beschwöre Seine
Durchlaucht, die Geduld des Königs nicht aufs Aeußer=
ste zu treiben. Seine Majestät haben einen Beweis
Ihrer Mäßigung und Ihrer Achtung für die bestehen=
den Verträge gegeben, indem Sie Sich nicht Ihrer
Macht bedient, um Sich gegen neue Beleidigungen
des Herzogs zu schützen. Deutschlands unabhängige
Fürsten haben sich durch die Bundesacte verpflichtet,
ihre Streitigkeiten nicht durch Gewalt der Waffen zu
entscheiden; aber dieses Gesetz ist nicht für einen Fall
berechnet, wie er sich jetzt zwischen dem König und
Seiner Durchlaucht darstellt: nicht anders hatten einst
die Gesetzgeber einer berühmten Griechischen Republik
keine Strafe für den Vatermord bestimmt, weil sie
dies Verbrechen für unmöglich hielten!

Man hat dem Herzog die Mittel angeboten, diese
traurige Angelegenheit zu beendigen; möge Er Sich
von der Nothwendigkeit überzeugen, sie nicht von der
Hand zu weisen.

London, am 24sten August 1827.

Ernst, Graf von Münster.

Widerlegung,

u. f. w.

Der regierende Herzog von Braunschweig, welchem so viele Gründe Gesinnungen der Achtung und Dankbarkeit gegen Seine Majestät den König von Großbritannien und Hannover hätten einflößen sollen, hat mit unbegreiflicher Unbedachtsamkeit, unterm 10ten Mai d. J. eine Verordnung erlassen, die eben so großes Erstaunen als allgemeine Mißbilligung erregen mußte.

In dieser anstößigen Schrift * nimmt sich der Herzog heraus, die Gültigkeit der Regierungshandlungen Seiner Majestät des Königs während Ihrer Vormundschaft über Ihn in den Jahren 1815 bis 1823, in Zweifel zu ziehen.

---

* Siehe Anhang, No. 1. Seite 3.

Der Herzog erlaubte sich darin von Verordnungen zu reden, wodurch über Regenten- und Eigenthums-Rechte verfügt sey, und beschließt mit der Erklärung, daß weil Er mit dem 18ten Jahre volljährig geworden, auch alle vom 30. Oct. 1822 bis eben dahin 1823, unter der ungesetzmäßig verlängerten Regierung erlassenen Verordnungen und Bestimmungen, ohne Seine ausdrückliche Einwilligung ungültig seyen!

Dieser tadelnswerthe Mißbrauch des Schutzes, welchen die deutsche Bundes-Acte selbst den schwächsten Bundesgliedern gewährt, hat nur dazu gedient, einen neuen Beweis von der Mäßigung des Königs und Seiner Achtung für die bestehenden Verträge zu geben. Er beschränkt Sich für den Augenblick auf die einfache Erklärung: " daß diese Beleidigung Seine Majestät mit gerechtem Unwillen erfüllet, ein Gefühl, welches alle Höfe theilen werden, denen das wahre Sach-Verhältniß bekannt ist, daß Ihro Majestät in Ansehung der Dauer der Vormundschaft sich nach der sorgfältig erwogenen Ansicht der ersten Herzoglich-Braunschweigischen Staatsdiener und bewährter Rechtslehrer gerichtet, und ganz in Uebereinstimmung mit den von Allerhöchst-Denenselben freundschaftlich zu Rathe gezogenen Höfen von Oesterreich und Preußen gehandelt haben."*

Da der König Seiner Durchlaucht eine Beleidigung nicht ungestraft hingehen lassen konnte, die den geringsten Unterthan, der sie sich gefallen ließe, entehren würde, so haben

---

* Siehe Anlage No. 2, Seite 6.

Seine Majestät die Vermittelung der beiden hohen Höfe dahin in Anspruch genommen, daß zu Vermeidung unangenehmer Auftritte der Herzog bestimmt werde, sein beleidigendes Edict zurückzunehmen, und sich deswegen auf eine angemessene Weise bei Seiner Majestät zu entschuldigen.

Dieser Antrag gründete sich auf früher, während des Herzogs Minderjährigkeit gepflogene Unterhandlungen; aber indem man ihren Erfolg erwartet, vernimmt man, daß Seine Durchlaucht, weit entfernt Ihren Fehler einzusehen und zu bereuen, beleidigende Schmäh = Schriften über die Führung der Vormundschaft und gegen die von Seiner Majestät, unter Allerhöchstdenenselben, mit der Regierung des Herzogthums und der Sorge für die Erziehung der minderjährigen Prinzen beauftragten Personen, verbreiten lassen.

Zwei von diesen Schriften sind unter dem Namen eines Herrn Hurlebusch erschienen; sie werden öffentlich verkauft, und sind geschrieben, um den würdigen Geheimen = Rath von Schmidt = Phiseldeck in den Augen der Welt anzuschwärzen. Man wirft es ihm darin unter andern als ein großes Unrecht vor, daß er sich der keineswegs verdienten Rache des Herzogs entzogen habe, ein Gegenstand, der weiter unten seine Erledigung finden wird.

Der dritten Schrift ist bereits oben im Vorworte zu dieser Widerlegung gedacht worden. Zu Braunschweig auf des Herzogs Befehl gedruckt, ward sie zuerst nur auf vertraulichem Wege an verschiedene Höfe gesendet, und einige Exemplare in Braunschweig ausgetheilt, aber mit dem Verbot, davon Abschrift zu nehmen.

Der Unwille, welchen diese Schrift bei den Höfen her-
vorrief, an deren Urtheil dem Herzoge vor allen andern gelegen war, bestimmte sie zu freundschaftlicher Mittheilung
ihres Inhalts an den hiesigen Hof.

Man schmeichelte sich zuerst, dieses schlecht gerathene
Machwerk seinem Schicksal überlassen zu können, ein aus-
nehmendes Denkmahl der Undankbarkeit des Herzogs gegen
seinen erhabenen Vormund, der seine Kindheit und die
Rechte seines Hauses beschützt, und die zerrütteten Angelegenheiten sowohl des Herzogthums Braunschweig als des
Fürstlichen Haus = Vermögens in bewundernswürdige Ordnung hat bringen lassen! Aber man vernimmt, daß der
Herzog fortfährt, jene Schmähschrift mit größerer Zuversicht und gleich einer Sache die ihm Ehre bringe, zu verbreiten. Er hat sie mehreren Prinzen des Königlichen Hauses und einer Menge anderer Personen in England, unter
wiederholten Versicherungen zugesendet, daß Er für die
Wahrheit der angeführten Thatsachen einstehe.

Fürstenwort sollte heilig seyn, aber es wiegt einen Ge-
genbeweis nicht auf. Wir sind gezwungen, ihn hier der Welt
vorzulegen, und müssen den Herzog ihrem Urtheil überlassen.
Je höher Er steht, desto sorgfältiger hätte Er sich vor dem
Fehltritt hüten sollen, wozu Er sich hat verleiten lassen. Wir
wiederholen es, kein anderer Grund als der Durchlauch-
tige Name den Er trägt, hätte uns bewegen können, das
Schweigen zu brechen; denn dieser möchte vielleicht in künf-
tiger Zeit Behauptungen ein Gewicht geben, die nichts als
eine für den Herzog selbst keinesweges schmeichelhafte Stim-

mung erzeugen können, so lange noch die Personen bekannt sind, welche Er anzuschwärzen sich bemühet zeigt.

Um die Schmähschrift vollständig zu würdigen und zu widerlegen, schien es nothwendig, sie ganz wieder abdrucken zu lassen.* Wir werden ihr Schritt für Schritt folgen, und erlauben uns zuvor einige einleitende Bemerkungen.

Der König übernahm die Vormundschaft über die Prinzen Carl und Wilhelm von Braunschweig nach Ihres Vaters, des Herzogs Wilhelm von Braunschweig, ruhmvollem Tode auf dem Schlachtfelde von Quatrebras am 16ten Junius 1815.

Der König war zu der Vormundschaft als nächster Agnat der jungen Prinzen und nach dem ausdrücklichen Willen Ihres Vaters berufen, wie derselbe ihn so wohl in Seinem Testament als in einer am 4ten Mai 1815, bevor er ins Feld zog, zurückgelassenen Instruction für Seinen Geheimen Rath ausgesprochen hatte.

Dieser Punct ist nie bestritten, daher wäre es überflüßig, jene Willens-Aeußerungen hier vorzulegen.

Ein Codicill vom 5ten Mai 1813, worin der Herzog die Verwaltung Seiner Geschäfte dem Grafen von Liverpool, dem Staats-Secretair Herrn Canning und dem Grafen von Münster übertragen hatte, drückt sich über den letztern folgendermaßen aus:

---

* Siehe Anlage, No. III. Seite 10 ff.

" Ueberzeugt, daß die erwähnten Vormünder die Verbind=
" lichkeiten kennen, die sie übernommen, und die Absicht
" haben, nach ihrem besten Wissen und Gewissen, die Wohl=
" fahrt meiner Kinder zu befördern, halte ich es nicht für
" nöthig, dieselben mit meinen Ansichten über diesen Gegen=
" stand besonders bekannt zu machen, als nur noch den
" Wunsch hinzuzufügen: — daß Seine Excellenz der Graf
" von Münster die Gewogenheit hätte, sich besonders meiner
" Deutschen Angelegenheiten, dieselben mögen, welchen Ge=
" genstand es auch immer sey, betreffen, anzunehmen, wor=
" über ich, soviel möglich, immer Nachricht hinterlassen
" werde."

Dieses war einer von den Gründen, warum der König
die Vormundschaft nicht Seinem Ministerio zu Hannover
übertrug, sondern eine unmittelbare Verbindung dafür zwi=
schen dem Herzoglichen Geheimen=Raths=Collegio und dem
bei Allerhöchst Ihrer Person angestellten Cabinets=Minister
eintreten ließ.

Das Geheime=Raths=Collegium bestand bei des Herzogs
Tode nur aus den beiden Geheimen Räthen von Schmidt=
Phiseldeck und von Schleinitz.

Es war auf ausdrückliches Begehren dieser würdigen
Staatsdiener, die den Geschäften vollkommen gewachsen,
doch nicht im Stande zu seyn glaubten, daneben auch
in Braunschweig die Person des Fürsten auf eine solche
Weise zu vertreten, wie es ihnen in Abwesenheit eines
regierenden Herzogs erforderlich schien; daß der König
einen Staats=Minister in der Person des Grafen von
der Schulenburg=Wolfsburg, eines in jeder Hinsicht aus=

gezeichneten Mannes, welcher im Braunschweigischen sowohl als in den Preußischen und Hannoverschen Staaten bedeutende Güter besaß, ernannte.

Der Character dieses im December 1818 verstorbenen Ministers ist über die Angriffe der Schmähsucht erhaben. Er ist einer der Minister, deren Verantwortlichkeit der Herzog dadurch zu beseitigen sucht, daß er ihn als ausschließend mit der Repräsentation beauftragt, darstellt. Die Geschäftsfähigkeit des Grafen erhellt vollkommen aus der einen Thatsache, daß ihn die erste Stände-Versammlung des Königreichs Hannover zum Präsidenten erwählt hatte; eine Würde, die er zur vollen Zufriedenheit Seiner Majestät sowohl als der Stände bis zu dem Augenblick verwaltet hat, da er von des Königs Majestät zum Braunschweigischen Staats-Minister ernannt ward.

Bei Ihres Vaters Tode waren die Prinzen von Braunschweig in Ihrem 11ten und 10ten Jahre, indem der ältere am 30sten October 1804 geboren ist. Als der Herzog das 19te Jahr zurückgelegt hatte, ließ Ihm der König die Regierung übergeben.

Daß dieses nicht am Schluß des 18ten Jahres geschehen, ist die Haupt-Beschwerde, welche der Herzog gegen den König vorbringt.

Da es sich nicht um eine Geschichte der Vormundschaft Seiner Majestät, sondern um einfache Widerlegung der Beschwerden des Herzogs handelt, so werden wir der Reihe seiner Klagen folgen, dabei aber hier voraus einen Umstand berühren, welcher jedem aufmerksamen Beobachter dieser Angelegenheit besonders auffallen muß.

2

Nach seinem Regierungs-Antritt war der Herzog oft abwesend, und brachte unter andern eine lange Zeit in ....on zu. Während dieses Aufenthalts beobachtete der .....og gegen den Grafen von Münster den äußern Anstand; .... wenn gleich Seine Durchlaucht Ihm für neuntehalb ....hre, die er Ihren Geschäften geopfert hatte, auch nicht ....mal den schuldigen Dank bezeugten, so beehrten Sie ihn ....ch mit mehreren Besuchen, und nahmen Einladungen zu ....ch bei ihm an. Diese Thatsache darf hier im Gegensatz ....u Ihrem jetzigen Betragen eine Stelle finden. Warum hat ....r Herzog erst nach mehrjähriger Regierung die Entdeckungen ....macht, die Er jetzt vorzubringen für gut findet? Nur dem ....willen über den Austritt des Herrn von Schmidt aus ....inem Dienst, und dessen Erklärung, in den Hannoverschen ....bergehen zu wollen, verdanken die vorgebrachten Beschwerden ....re Entstehung!

Erst um die Mitte des Junius 1826 kam dem Grafen von Münster ein Schreiben des Herrn von Schmidt-Phisel-deck mit der Anzeige zu, daß jetzt der Augenblick gekommen sey, wo er sich nicht länger versagen dürfe, von dem Ver-sprechen des Königs Gebrauch zu machen, da seine Verhält-nisse in Braunschweigischen Diensten ihm nicht weiter anstehen könnten.

Der Graf von Münster hatte sich damals auf drei Mo-nate nach Deutschland begeben; er empfahl dem Herrn von Schmidt in seiner Antwort, sich zu bedenken, ob er nicht besser thäte, in Braunschweig zu bleiben. Dieser beharrte indessen bei seinem Entschluß, und bei der Rückkehr des Grafen von Münster nach England erklärte Sich der König zu seiner Anstellung bereit. Herr von Schmidt begab sich

darauf zu Seiner Durchlaucht, um seine Entlassung zu be=
gehren, wobei er seinem bisherigen Herrn die empfangene
Königliche Zusage nicht verschweigen zu dürfen glaubte.
Man hat ihm daraus ein Verbrechen gemacht, während er
als Ehrenmann sich über die Gründe seines Gesuchs mit der
freimüthigsten Offenheit auszusprechen verbunden fühlte. Es
war dem Herzog bekannt, daß Herr von Schmidt ohne
Gehalt nicht leben konnte; er würde ihn daher ohne Zweifel
über seine künftigen Plane befragt, und wenn ihm daraus
ein Geheimniß gemacht wäre, Sich gerade eben so über sein
Schweigen, wie jetzt über sein Geständniß beklagt haben.

Die Erklärung des Herrn von Schmidt ward auch anfangs
ohne Unwillen aufgenommen. Als er seine förmliche Ent=
lassung verlangte, befahl ihm der Herzog, sie selbst aufzusetzen
und Ihm zur Unterschrift vorzulegen. Kurz darauf ließ ihm
Seine Durchlaucht befehlen, seine Geschäfte einem andern
Geheimen=Rath zu übergeben. Da er noch immer ohne
Entscheidung blieb, so erneuerte er sein Abschiedsgesuch. Erst
damals ward es klar, daß der Herzog feindliche Gesinnungen
gegen ihn angenommen hatte, sey es, daß Seine Durchlaucht
durch übelgesinnte Menschen oder durch die Idee gegen ihn
eingenommen waren, daß das Mißvergnügen Seines alten
Dieners, welches ihn Seine Dienste zu verlassen trieb, für
einen öffentlichen Beweis von Mißbilligung Seiner Regierung
genommen werden möge. Statt Seines Abschiedes kam Herrn
von Schmidt die Anzeige, daß der Herzog Seinen bisherigen
Gehalt auf zwei Fünftel herabgesetzt habe, und damit die
Bemerkung zu, er werde auch von Seiner Verwaltung noch
Rechenschaft abzulegen haben.

Dieser eben so harten als unverdienten Maßregel unter=

varf ſich Herr von Schmidt ohne Murren, und er lebte
unter ihrem Druck ſechs Monate, ohne daß der Herzog einen
Grund zur Klage gegen ihn hätte auffinden können.

In der Zwiſchenzeit hatte ſich die Braunſchweigiſche Regierung an die Hannoverſche mit der Forderung gewandt,
Herrn von Schmidt nicht in den Dienſt des Königs aufnehmen; aber dieſe ſah keinen Grund, ein Verſprechen
zurückzuziehen, welches urſprünglich gerade in der Abſicht
gegeben war, Herrn von Schmidt im Herzoglichen Dienſte
zu erhalten.

Dieſe Angelegenheit erregte in Deutſchland eine ſo lebhafte
Aufmerkſamkeit, daß ſich der Wiener Hof, um dem Ärger-
niß ein Ende zu machen, zu freundſchaftlichen Vorſtellungen
deshalb an den Herzog bewogen fand. Beide Umſtände
ſcheinen Ihn mehr und mehr aufgereizt zu haben, ſo daß
Herr von Schmidt, welcher die allgemeinſte Achtung in
Braunſchweig genießt, von ſeinen Freunden bringend aufgefordert ward, ohne Verzug auf ſeine perſönliche Sicherheit
zu denken.

Das Gewicht dieſer Warnung war ihm ſo einleuchtend,
daß er auf der Stelle Braunſchweig verließ und nach Hannover
ging; und das harte Verfahren, wozu ſich der Herzog alsbald
gegen die Familie Seines alten Dieners hinreißen ließ, rechtfertigte nur zu ſehr deſſen Flucht.

Der Herzog ernannte eine Unterſuchungs-Commiſſion in
Braunſchweig, die ihn richten ſollte, und ſchickte einen Officier
nach Hannover, um ihn zu perſönlichem Erſcheinen vor ihr
aufzufordern. Seine Durchlaucht ſcheinen gefühlt zu haben,

daß die ordentlichen Braunschweigischen Gerichtshöfe zu Werk-
zeugen der Rachsucht nicht geeignet waren!

Von den Mitgliedern dieser Commission war bis dahin
keins in den Geschäften angestellt gewesen, über deren Führung sie jetzt urtheilen sollten. Es ist nicht erforderlich,
über sie im Einzelnen zu reden. Allein ihr Präsident
hat sich selbst so sehr ins Licht gesetzt, daß er wohl
weiter gekannt zu werden verdient, um so mehr, als
Seine Durchlaucht für gut gefunden, der Regierung
des Königs die Entfernung dieses Mannes aus Her-
zoglichem Dienste zum Vorwurf zu machen. Es ist ein
Herr Hurlebusch, gegenwärtig Präsident des Braunschweigischen Consistorii. Als der Herzog Wilhelm
den Herrn von Schleinitz in seinen Geheimenrath berufen
hatte, ward Herr Hurlebusch dessen Nachfolger als Vice-
Präsident des Ober-Appellations-Gerichts zu Wolfenbüttel,
und bekleidete diese Stelle im Jahre 1815, bei des Herzogs Tode. Aber schon am Ende Septembers 1816 sah
sich die Braunschweigsche Regierung genöthigt, dem König
seine Entlassung (mit Beibehaltung seines vollen Gehalts
als Pension) vorzuschlagen, wofür sie seine Kränklichkeit
und Harthörigkeit als Grund anführte. Der Bericht war
indessen von dem folgenden amtlichen Schreiben des Staats-
Ministers Grafen von der Schulenburg an den Grafen
von Münster begleitet:

Braunschweig, den 30sten Sept. 1816.

Euer Excellenz

habe ich die Ehre, anliegend den Bericht an
den Prinzen Regenten über die Organisation und Einrichtung des Ober-

Appellations-Gerichts zu überreichen und dabei noch Folgendes hinzuzufügen:

Das Geheime-Raths-Collegium hat darauf angetragen, den bisherigen Vice-Präsidenten Hurlebusch mit Beibehaltung seines Gehalts in den Ruhestand zu setzen und den Grund seiner Harthörigkeit
und Kränklichkeit angeführt. Wir haben geglaubt, in dem Berichte
dasjenige zu übergehen, was ich dieserhalb in diesem Privat-Schreiben
Ew. Excellenz annoch mittheilen muß. Nachdem der verstorbene
Herzog den Geheimen-Rath von Schleinitz von Wolfenbüttel hierher
ins Geheime-Raths-Collegium berief, dirigirte der Vice-Präsident
Hurlebusch als vorsitzender Rath die Ober-Appellations-Commission,
allein er betrug sich dabei nicht nur mit einem so leiden-
schaftlichen und unverträglichen Starrsinn, sondern
ließ auch eine kleine Schrift drucken, welche ich in der
Anlage beifüge, und in welcher er seine Collegen
durch eine dem Publicum nur zu deutliche Anspielung
(S. 15 und 16 in der Note) angriff. Weil hierdurch und
durch seine Streitsucht das Gericht an öffentlichem Ansehen
verlor, sahen wir uns bereits im Frühjahre genöthigt, ihn offi-
ciell, unter dem Vorwande seiner Kränklichkeit und Harthörigkeit
von den Sessionen zu dispensiren, und Herr von Schleinitz
fuhr bis jetzt zweimal in der Woche nach Wolfenbüttel, um im Ap-
pellations-Gerichte zu präsidiren. Herr Hurlebusch hat sich zwar in
Privat-Schreiben gegen mich über seine Suspension beschwert, allein ich
habe ihm deutlich zu verstehen gegeben, daß er wohl thun werde,
die Sache auf sich beruhen zu lassen. Bei seinem unru-
higen und höchst reizbaren Character ist es mir aber sehr
wahrscheinlich, daß er sich direct beim Regenten beschweren wird, wenn
er erfährt, daß er in den Ruhestand gesetzt werden soll. Ich habe
daher nicht ermangeln wollen, Ew. Excellenz von dieser Sache genau
zu unterrichten, und ersuche Sie nur in diesem Falle, es dahin ge-
wogentlichst einzuleiten, daß in seiner Bescheidung bloß seiner Harthörigkeit und Kränklichkeit erwähnt werde. Er hat dem Staate viele
Jahre als sehr geschickter und rechtlicher Richter gedient, und man

kann seinen jetzigen Fehler bloß einer Körper- und Geistesschwäche
zuschreiben. Seine Pensionirung ist übrigens um so nothwendiger, da keine der übrigen Appellations-Räthe mit
ihm ferner dienen würden.

G. v. d. Schulenburg.

Das Original dieses Briefes steht Seiner Durchlaucht
zu Befehl. Hätten die darin angeführten Gründe noch nicht
hinreichend geschienen, den Herrn Hurlebusch aus dem
wirklichen Staatsdienste zu entfernen, so würde sich der
König bald nachher dazu genöthigt gesehen haben, als er sich
nicht entblödete, ein förmliches Gesuch um Erlaubniß zur
Heirath mit seiner eigenen Stieftochter einzugeben! Es
verdient bemerkt zu werden, daß Seine Durchlaucht diesen
Mann zum Präsidenten Ihres Consistorii gewählt haben,
eines Gerichts, welches besonders mit den Ehesachen beauftragt ist. Als einige Jahre nachher die Frage über die Dauer
der Minderjährigkeit des Herzogs die Gemüther zu beschäftigen anfing, gab Herr Hurlebusch eine kleine Abhandlung
heraus, um den Eintritt der Mündigkeit mit vollendetem
18ten Jahre zu beweisen. Der Staatsminister Graf von
Alvensleben schickte diesen Aufsatz dem Grafen von Münster
mit einem Briefe zu, worin er als wahrscheinliche Ursache
seiner Entstehung das Verlangen seines Verfassers angiebt, sich
in der Gunst seines künftigen Landesherrn festzusetzen. Seine
Durchlaucht sind in die Schlinge gefallen. Vielleicht ist dieser
Mann an dem jetzigen widerwärtigen Verfahren des Herzogs Schuld. Seine Ernennung zum Präsidenten der
Untersuchungs-Commission über Herrn von Schmidt, ließ die
Verdammung des letztern um so bestimmter vorhersehen,
als Herr Hurlebusch sich sogleich über die erste Pflicht des
Richters, die Unpartheilichkeit, hinwegsetzte, und Herrn von
Schmidt als schuldig darzustellen und seinen Character anzu-

schwärzen bemüht war, ohne auch nur seine Vertheidigung
zu erwarten.

Herr von Schmidt hat Herrn Hurlebusch's Beschuldigungen in einer Druckschrift widerlegt. Daher begnügen wir
uns hier mit folgenden Bemerkungen:

Die Bundes-Acte behält in ihrem 18ten Artikel den
Deutschen Unterthanen ausdrücklich das Recht vor, aus
einem Bundes-Staate in den andern zu ziehen, und dort in
Civil- oder Militair-Dienst zu treten. Bei der Zerstücklung
Deutschlands und dem geringen Umfange einiger Deutschen
Staaten hätten sich die Unterthanen wie der Vogel in seinem
Käfig eingesperrt gefunden, wenn ihnen nicht jene Freiheit
durch den 18ten Artikel gegeben oder vielmehr bestätigt
wäre. Um dieses Gesetz zu beseitigen, sehen sich die Ankläger
des Herrn von Schmidt zu der Behauptung gezwungen,
daß ein Mann, der an der Spitze der Verwaltung gestanden,
sie nicht willkührlich verlassen dürfe, weil er sonst die Staatsgeheimnisse verrathen könnte! Selbst eine solche Regel
würde auf den vorliegenden Fall keine Anwendung finden:
denn, das Daseyn solcher vorgeblichen Staatsgeheimnisse
vorausgesetzt, was würde den König während Seiner Regierung über das Herzogthum Braunschweig gehindert haben,
sie sich vorlegen zu lassen? Herr von Schmidt hat unter
Seiner Majestät Regierung neuntehalb Jahre, unter der des
Herzogs nur seit dem Ende des Jahrs 1823 gedient.

Außerdem hatte der Herzog ihm seine Entlassung
anfangs zugestanden, und es handelte sich um nichts weiter
mehr, als um das vom Herrn von Schmidt verlangte Decret.
Seine Durchlaucht haben ihn nachher von allen Geschäften
entbunden, drei Fünftheil seines Gehalts eingezogen, und ihn

in diesem trostlosen Zustande sechs Monate schmachten lassen, ohne auch nur einen Schatten von Beschuldigung gegen ihn aufzubringen. Sollte der König noch länger von des Herzogs Launen die Erfüllung eines Versprechens abhängen lassen, welches Er Herrn von Schmidt zum Vortheil Seiner Durchlaucht selbst gegeben hatte?

Der König durfte Ihn um so weniger verlassen, da fast alle die vorgeblichen Klagen gegen Herrn von Schmidt in gleichem Maaße gegen Seine Majestät selbst gerichtet angesehen werden können.

Nun ist es aber gerade dieser, dem Herrn von Schmidt gewährte Schutz, was den Herzog über jede Mäßigung hinausgeführt hat. Konnten sich Seine Durchlaucht nicht mehr an seiner Person rächen, so wollten sie wenigstens seinen guten Namen schänden. Sollte man es glauben? in dem Augenblick als der Kaiserliche Gesandte dem Herzog vorgestellt hatte, wie sehr Ihm die Verfolgung des Herrn von Schmidt in der öffentlichen Meinung schaden würde, und Ihn beschwor, ein solches Verfahren einzustellen, ließ Seine Durchlaucht in die Braunschweigischen öffentlichen Blätter einen Steckbrief gegen Herrn von Schmidt mit angehängtem Signalement einrücken! Ein solches Verfahren ist nur gegen flüchtige Verbrecher hergebracht, die mit dem stärksten Verdacht beladen sind; niemals gegen einen Mann, dessen Aufenthalt man kennt. Die Braunschweigische Polizei war amtlich davon unterrichtet, daß Herr von Schmidt im Schutze des Königs stehe; dennoch wagte sie es, der Hannoverschen Polizei die Aufnahme dieser Beleidigung in die öffentlichen Blätter zuzumuthen! Sie ward natürlich abschläglich beschieden, und ein Gleiches widerfuhr ihr in Cassel, Hamburg,

und an anderen Orten. In Berlin hatte sich die Anzeige
ganz unbeachtet in eine Zeitung eingeschlichen; aber nur, um
Seiner Durchlaucht eine der stärksten und verdientesten Zu-
rechtweisungen zuzuziehn. Seine Majestät der König von
Preußen mißbilligten die Aufnahme, und der Minister des
Innern, von Schuckmann, ließ in die Staatszeitung eine
förmliche Verwahrung dagegen einrücken, worin er sagte, die
Aufnahme sey ohne Zustimmung der oberen Behörden, und
lediglich in Folge des Zutrauens erfolgt, welches man gewöhnlich den Behörden der Nachbarstaaten gewähre; er befehle
daher allen Abtheilungen der Polizei, dem Steckbriefe, dessen
Echtheit außerdem zweifelhaft scheine, keine Folge zu geben,
und sich in Zukunft ähnlicher Bekanntmachungen gegen Herrn
von Schmidt=Phiseldeck zu enthalten, da derselbe in
Berlin als ein achtbarer Mann bekannt sey. *

Weit entfernt, diese scharfe Rüge zu fühlen, war die
Braunschweigische Regierung gutmüthig genug, ihr Gesuch
bei S. Exc. dem Herrn von Schuckmann mit der Versicherung
zu wiederholen, der Steckbrief sey wirklich echt!
Der Minister, im Gefühl seiner Würde, ließ ihr durch einen
seiner Büreau=Chefs eine abschlägige Antwort ertheilen. —

Es würde schwer gewesen seyn, gegen Herrn von Schmidt=
Phiseldeck erhebliche Anklagen vorzubringen, ohne die Leiter
sowohl als die Mitglieder der vormundschaftlichen Regierung darin einzuschließen. Seine Durchlaucht hat geglaubt,
noch weiter gehen zu müssen. Zwei Staatsminister, die

---

* S. R. Preußische Staatszeitung vom 7. Mai 1827. No. 106.

Grafen von der Schulenburg und von Alvensleben,* hatten in
Braunschweig, einer nach dem andern, an der Spitze der
Geschäfte gestanden; aber der Herzog glaubt ihre Theilnahme
durch das Vorgeben zu beseitigen, daß sie nur zur Repräsentation bestimmt gewesen, und schließt dann ohne Umschweife
den Cabinets=Minister des Königs, Grafen von Münster, in
die Beschuldigungen gegen Herrn von Schmidt ein, ohne zu
bedenken, daß dieses nicht ohne Beleidigung des Königs geschehen konnte, indem Seine Majestät zu den schlechten
Planen, die der Herzog aufzudecken behauptet, entweder

---

* Beide sind in Deutschland bekannt und geachtet, und mit der Liebe
und dem Bedauern der Braunschweiger von ihnen geschieden. Der
Tod entriß dem Lande schon lange den würdigen Grafen von der Schu-
lenburg = Wolfsburg.   Der Graf von Alvensleben hat sich nur mit
Mühe durch den König bewegen lassen, den Posten, welchen er zur
vollen Zufriedenheit Seiner Majestät ausgefüllt, bis zum Regierungs=
Antritt des Herzogs zu behalten. Geachtet und geschätzt von Seinem
Herrn, dem König von Preußen, der ihn durch die Ernennung zum
Landmarschall der Brandenburgischen Stände ausgezeichnet hat, findet
er sich außer dem Bereich des Herzogs.   Beide waren ausgezeichnete
Geschäftsmänner, und der Graf von Münster hat seinen amtlichen
Briefwechsel mehr mit ihnen als mit Herrn von Schmidt unterhalten.
Das dritte Mitglied des Geheimen=Raths war Herr von Schleinitz, ein
ehrwürdiger Greis von 74 Jahren. Um folgerecht zu scheinen, hat
der Herzog auch auf diesen Ehrenmann Seine Rache ausgedehnt;
nachdem er ihn vorher gezwungen, an den harten Maßregeln gegen
seinen alten Collegen und Freund Theil zu nehmen, hat Er ihm den
Abschied gegeben, ihm nach 50jährigem Dienst nur 2 Fünftel seines
Gehalts gelassen, und sich selbst noch weitere Schritte gegen ihn vorbehalten, falls sich in der Untersuchung gegen Herrn von Schmidt
etwas gegen ihn ergeben sollte.

stillschweigend mitgewirkt, oder aber sie ausdrücklich angeord-
net haben müßte.

Einen solchen Angriff zu entschuldigen, möchte man sich
nach einem stärkern Grunde als den Haß gegen Herrn von
Schmidt-Phiseldeck umsehen, einem Grunde, der ihn, wenn
auch nicht entschuldigen, doch wenigstens bemänteln könnte
— er wird sich aus dem Folgenden errathen lassen!

Das Werk, womit wir uns gegenwärtig beschäftigen
wollen, wird der Welt als eine Frucht der Beobachtungen
des Herzogs gegeben. Seine Durchlaucht belehren uns darin, daß Sie die Geschäfte Ihren bisherigen Dienern nur deshalb bis jetzt überlassen, um Sich besser über die Vorfälle
während Ihrer Minderjährigkeit zu unterrichten. Die Welt
irrte sich also ohne Zweifel, wenn sie bisher geglaubt hat,
daß der Herzog seine Zeit in Zerstreuungen hinbringe; aber
sie würde sich noch mehr irren, wenn sie Seinen Entdeckungen den geringsten Werth beilegen wollte. Man wird neben
den Lächeln erregenden Beschwerden "that the governors
"would not allow His Serene Higness to go two
"steps from one room into another, or into the
"garden without leave untill his eighteenth year;
"that His Serene Highness dared not *eat*, *read or*
"*employ himself* in any way without their especial
"permission, etc." und neben den Jeremiaden über die
Anordnungen der Braunschweigischen Behörden, hinsichtlich des
dasigen Theaters, einige der boshaftesten, aber zugleich der
schlecht ersonnensten Beschuldigungen finden. Schlecht erson-
nen, weil man sich keinen vernünftigen Zweck denken kann,
der jenen angeschuldigten Plänen einen Anstrich von Wahr-
scheinlichkeit geben könnte, und weil es nur zu leicht ist, ihre
Grundlosigkeit bis zur Evidenz zu beweisen.

Seine Durchlaucht beginnen Ihre Philippike mit der Eröffnung, daß der Geheime = Rath von Schmidt = Phiseldeck bei dem Tode des Herzogs Wilhelm den ehrgeizigen Plan entworfen habe, für sich selbst zu begründen "a fixed and "lasting power. This idea, *it is to be presumed*, he "formed in concert and under the protection of Count "Münster."

Wir sind Herrn von Schmidt = Phiseldeck das Zeugniß schuldig, daß es vielleicht keinen weniger ehrgeizigen Mann als ihn giebt. Jedermann in Braunschweig — vielleicht Seine Durchlaucht ausgenommen — weiß, daß es beim Tode des Herzogs nur von ihm abgehangen hätte, an der Spitze der Regierung zu bleiben. Seine große Bescheidenheit ließ ihn darauf bestehen, daß Seine Majestät einen Staatsminister zum Präsidenten des Braunschweigischen Geheimen = Raths ernenne. Die Wahl des Königs fiel, wie erwähnt, auf den Grafen von der Schulenburg. Nach dessen vorzeitigem Tode im Jahre 1818, wiederholte Herr von Schmidt dasselbe Gesuch; und das Einzige, was er und Herr von Schleinitz hinzufügten, war der Wunsch, daß die Wahl des Königs auf einen Herrn von so hohem Range fallen möchte, daß sich die alten Geheimen = Räthe des Herzogthums durch seine Ernennung nicht herabgesetzt fühlen müßten.

Man schlug mehrere Männer vor, aber der König wollte sich nicht eher entscheiden, als bis der Graf von Münster Ihm einen Mann empfehlen würde, für den er selbst einstehen könnte. Erst nachdem der Minister den Grafen von Alvensleben persönlich kennen gelernt hatte, entschloß sich der König, diesem achtungswürdigen Manne die Braunschweigische Ministerstelle anzubieten.

Beide Staatsminister haben die Geschäfte geleitet. Einer

von Graf Schulenburgs Briefen ist bereits oben mitgetheilt, andere vom Grafen von Alvensleben werden den Beweis liefern, wie sehr man sich in der Voraussetzung täuschen würde, Seine Excellenz hätten eine ehrenvolle Zurückgezogenheit nur deshalb verlassen, um sich in Braunschweig einer leeren Repräsentation zu widmen.

Und welchen Vortheil hätte der Graf von Münster darin finden können, des Herrn von Schmidt vorgebliche ehrgeizige Plane zu begünstigen? die Vormundschaft hat ihm Nichts eingebracht, nichts als einen drückenden Zuwachs von Geschäften, und selbst von Ausgaben. Er hat sich nicht den geringsten Gehalt anweisen lassen, so gewiß auch der König einen Antrag dazu nicht abgeschlagen haben würde.

Ein anderer Beweis für die angeblichen ehrgeizigen Plane des Herrn von Schmidt soll in der Nicht=Ernennung eines Braunschweigischen Geschäftsträgers in London liegen.

Hier herrscht dieselbe Verwirrung der Begriffe, wie man sie auf jeder Seite der Schrift findet.

Wie hätte ein Herzogthum, das der König regierte, einen Geschäftsträger bei Seiner Majestät ernennen können? Man schickt keinen Gesandten an sich selbst. Das Wahre an der Sache ist, daß der Graf von Münster dem König vorstellte, er könne die Last seiner Geschäfte vermindern, wenn Seine Majestät ihm erlauben wollten, einen Braunschweigischen Staatsdiener neben ihn anstellen zu lassen. Seine Majestät willigten ein. Die Wahl fiel auf einen aus=

gezeichneten Mann, Herrn von Bremann, dem man einen
jährlichen Gehalt von 1000 Pfund Sterling bestimmte. Als
sein Ernennungs = Rescript dem König vorgelegt ward, ge=
ruhten Seine Majestät zu bemerken, daß Sie einwilligten,
aber für Ihre Person keinen andern Mittelsmann zwischen
Ihnen und der Braunschweigischen Regierung als den Gra=
fen von Münster wollten. Herr von Bremann war nicht
für eine ganz untergeordnete Stellung gemacht, und die
für ihn übrig bleibende Arbeit wäre eine Ausgabe von jähr=
lich 1000 Pfund Sterling nicht werth gewesen. Der ganze
Plan ward also aufgegeben, was dem Herzog eine Erspar=
niß von etwa 48,000 Thalern, und dem Grafen von Mün=
ster einen Zuwachs von Geschäften veranlaßt hat. Dieses
Geschenk wäre für seine Durchlaucht doch wenigstens der
Mühe werth gewesen, Sich über einen Ihrer Regierung und
vielen andern Personen in Braunschweig bekannten Vorgang
vorher zu unterrichten, ehe Sie daraus einen Gegenstand
der Klage machten!

Wir kommen jetzt auf die schwärzeste unter den Beschul=
digungen, deren Falschheit aber zum Glück nicht weniger klar
als ihre Schwärze ist.

Herr von Schmidt = Phiseldeck wird im Einverständniß
mit dem Grafen von Münster angeklagt, des Herzogs geistige
und körperliche Erziehung so geleitet zu haben, daß er zu
regieren unfähig werden sollte. "His Serene Highness
"had a *thousand* opportunities of feeling how desirous
"these gentlemen (Seine Erzieher) were to intimidate
"him *according to their instructions*, to thwart every
"wish and destroy every sign of spirit with a view of

"making His Highness a willing prisoner for the re-
"mainder of his life, and preparing him to be trea-
"ted as a mere machine."

Nach dem Tode des hochseligen Herzogs ließ der König den Prinzen von Braunschweig natürlich die von ihrem Vater angestellten Erzieher, und richtete im Gefühl Seiner väter=lichen Besorgniß um die verwaisten Prinzen, und um ihnen ein für sie so äußerst wünschenswerthes häusliches Leben zu verschaffen, im April 1816, den hier angebogenen Brief (Litt. A.) an die verwittwete Erbprinzessinn von Braun=schweig, geborne Prinzessin von Oranien. Nur mit Mühe gelang es Seiner Majestät, diese verehrte Fürstinn zur Ent=fernung von Ihrer Frau Mutter, der verwittweten Erbstatt=halterinn von Holland, zu bewegen. Reicht diese einzige

---

(*Litt. A.*)

Madame ma Cousine!

Dès le moment que je me suis chargé, en qualité de tuteur, de la Régence du Duché de Brunswick, j'ai voué une attention particulière à l'éducation des fils du feu Duc. J'aurois lieu d'espérer que mes soins seroient couronnés d'un meilleur suc-cès, s'il ne manquoit à mes pupilles, devenus orphelins à un âge si tendre, tout ce qui pourroit leur apprendre à chérir et à respecter les liens de famille et à vivre avec leurs égaux. Je connois également les mérites de V. A. R., l'attachement qu'elle porte à la famille de feu son époux, et celui que lui ont voué tous les habitans du Duché de Brunswick. V. A. R., en faisant de temps en temps un séjour à Brunswick, con-tribueroit infiniment à l'éducation des jeunes Princes, et par là même, au bonheur futur des sujets dont un jour le sort leur sera confié. Je ne doute pas que cette considération

3

Thatsache nicht hin, den Verfasser der Anklage schaamroth
zu machen? Und was wird er sagen, wenn er hört, daß es
Herr von Schmidt=Phiseldeck war, der zuerst diese Idee an=
gab, wie aus dem unten abgedruckten eigenhändigen Schrei=
ben (Litt. B.) des verstorbenen Grafen von Schulenburg, vom
21sten Sept. 1815, hervorgeht?

Es ward rathsam, einen Englischen Geistlichen, der bei
dem Prinzen angestellt war, zu entlassen. Als sie heran=

---

récompensera les sacrifices qu'elle pouvoit faire en se séparant
momentanément de ses parens. Du moins V. A. R. y trouvera
une excuse pour les observations que je viens de soumettre à sa
considération. Je suis, avec les sentimens de la plus parfaite
estime,

Madame ma Cousine,

de Votre Altesse Royale,

etc. etc.

(*Signé*) GEORGE. P. R.

(Litt. B.) Hannover, ben 21sten Sept. 1815.

Der Geheime=Rath von Schmidt hat Ew. Excellenz ersucht,
zu bewürken, daß des Prinzen Regenten Königliche Hoheit die Frau
Herzoginn von Braunschweig vermögen wolle, sich in Braunschweig
zu etabliren, oder wenigstens dort Aufenthalte zu nehmen. Dieses
ist mir ganz aus der Seele geredet, und ich werde mich ungemein
freuen, wenn Ew. Excellenz die Erfüllung dieses Wunsches erreichen
können. Bei der großen Liebe, welche die Frau Herzoginn in Braun=
schweig genießt, würden sich Ew. Excellenz dadurch ein großes Ver=
dienst um das Land erwerben.

G. v. d. Schulenburg=Wolfsburg.

Aufenthalt der Prinzen, und sie wurden dahin von den Herren von Linsingen und Eigner begleitet. Die Bewohner jener Stadt und die Reisenden, welche Sie während des Aufenthalts Seiner Durchlaucht besucht haben, werden bezeugen, daß Sie daselbst auf eine in jeder Hinsicht anständige Art behandelt worden, und daß Sie Sich an niemanden als an Sich Selbst zu halten haben, wenn die Sorgen Ihrer Erzieher und die von denselben angestellten Lehrer ohne Erfolg gewesen seyn sollten.

Man würde für immer von den beunruhigenden Neigungen geschwiegen haben, die der junge Prinz so frühzeitig an den Tag legte, wenn nicht gerade in ihnen die Ursache des Mißverhältnisses zu suchen wäre, welches den Hauptgegenstand der unbesonnenen Klagen des Herzogs ausmacht, und wenn nicht gerade diese Neigungen den König nothwendig zu der Betrachtung hätten führen müssen, wie gefährlich es seyn würde, diesem Prinzen zu frühzeitig das Wohl und Wehe seiner Unterthanen in die Hände zu geben. Die Berichte des Herrn von Linsingen gaben dem König unaufhörlich Ursache zur Sorge. Wir enthalten uns, etwas aus ihnen mitzutheilen. Es wird hinreichend seyn, den Herzog an einen Brief Seiner Majestät vom Januar 1822 zu erinnern, weil er zeigt, wie sehr dem König eine vollendete Erziehung Seiner Durchlaucht am Herzen lag. (Litt. C.) Dieser Brief blieb

---

(*Litt. C.*)

To the Dukes of Brunswick and Luneburg Prince Charles and Prince William, at Lausanne.

My dear Nephews,

I have received your obliging letters, and thank you for your good wishes, which I sincerely return. The ensuing

Aufenthalt der Prinzen, und sie wurden dahin von den Herren von Linsingen und Eigner begleitet. Die Bewohner jener Stadt und die Reisenden, welche Sie während des Aufenthalts Seiner Durchlaucht besucht haben, werden bezeugen, daß Sie daselbst auf eine in jeder Hinsicht anständige Art behandelt worden, und daß Sie Sich an niemanden als an Sich Selbst zu halten haben, wenn die Sorgen Ihrer Erzieher und die von denselben angestellten Lehrer ohne Erfolg gewesen seyn sollten.

Man würde für immer von den beunruhigenden Neigungen geschwiegen haben, die der junge Prinz so frühzeitig an den Tag legte, wenn nicht gerade in ihnen die Ursache des Mißverhältnisses zu suchen wäre, welches den Hauptgegenstand der unbesonnenen Klagen des Herzogs ausmacht, und wenn nicht gerade diese Neigungen den König nothwendig zu der Betrachtung hätten führen müssen, wie gefährlich es seyn würde, diesem Prinzen zu frühzeitig das Wohl und Wehe seiner Unterthanen in die Hände zu geben. Die Berichte des Herrn von Linsingen gaben dem König unaufhörlich Ursache zur Sorge. Wir enthalten uns, etwas aus ihnen mitzutheilen. Es wird hinreichend seyn, den Herzog an einen Brief Seiner Majestät vom Januar 1822 zu erinnern, weil er zeigt, wie sehr dem König eine vollendete Erziehung Seiner Durchlaucht am Herzen lag. (Litt. C.) Dieser Brief blieb

---

(*Litt. C.*)

To the Dukes of Brunswick and Luneburg Prince Charles and Prince William, at Lausanne.

My dear Nephews,

I have received your obliging letters, and thank you for your good wishes, which I sincerely return. The ensuing

ohne Erfolg, und der Kummer darüber zog Herrn von
Linsingen eine Krankheit zu, die sein Leben in Gefahr setzte.

---

year will be of considerable importance to you both: you will
be placed in situations affording every opportunity to render
yourselves fit for the high situations you are called to hold in
life. I consider it to be my duty, as your friend and your
guardian, to draw your attention to the absolute necessity of
well employing the time left for this important purpose. You
must be aware of being still deficient in many acquirements
indispensably necessary to hold, with proper dignity, the sta-
tion of Princes. Your own feelings will tell you, whether or
not you have constantly paid that degree of attention to your
lessons which is required, in order to benefit by them, and
especially whether you have been always inclined to shew that
degree of deference and attention to the advice of the gentlemen, whom my well directed choice has placed about you,
which I, and they, have a right to expect. I most earnestly
recommend you to be careful on this subject, and to remember
that nobody is well able to command others, who has shewn
himself reluctant in paying the proper attention to the advice
of those who had authority over them. You cannot possibly,
as yet, possess the experience which is absolutely required
to appear with propriety in the various situations which await
you.

You, my dear Prince Charles, are, as I told you at Hannover, to go early in the spring, attended by the gentlemen
at present about you, to Vienna, a town affording every opportunity for completing your education, and especially the
means of seeing, how Princes ought to behave in order to
be respected. You will enjoy a more liberal allowance for
your private expenditure, and the gentlemen about you will
be most willing to leave you that degree of freedom, which
the age your are attaining permits.

Da nun der König aus den Klagen, die Ihm vom Herzoge
wie von seinen Erziehern zukamen, einsah, daß sie nicht

As to you, my dear Prince William, you will soon be
joined by Colonel Baron de Dörnberg, an officer equally accomplished as a gentleman, and distinguished as a soldier—once
the companion of your late father in his glorious march through
the north of Germany—he will attend you to Gottingen and
direct your military education.

I think it right to speak to you both on another point
equally important to you and to your native country: I mean
the duration of your minority, and consequently of my guardianship. I have ordered a minute enquiry into the question
at what time, according to the laws and compacts of our family, you ougth to be considered to be of age? As to myself,
I can have no interest in this question but the sincere part I
take in your welfare and that of the Brunswick Dominions.
They owe, in a great degree, their preservation to my protection, and you will find hereafter that, under my administration, they have been happy, and that your private concerns have greatly prospered. No views of ambition can induce
me to continue the cares hitherto bestowed on these objects
any longer than my duty requires it, and I abide, therefore,
the result of these investigations which have been laid before
me. The theory, that the completion of the 18th year of age
ought to be considered in the ducal line of our House as en-
ding the minority, appears not to be conformable to the family compacts nor to the laws of Germany. How long the
minority may have been continued after the completion of the
18th year of life, has not been made quite clear in an histori-
cal point of view. I wish, however, to limit your minority
to the shortest period established in the Princely Families of
Germany, I mean the end of the 21st year of age, this being
the same which the laws of Great Britain fix for my Royal

nger für einander paßten, so enthob Er die letztern ihrer inlichen Verpflichtung.

Aber es war nicht leicht, Herrn von Linsingen zu ersetzen. er König hatte zu London, in der Begleitung des Prinzen ustav, Sohns Königs Gustavs des Vierten von Schweden, ssen ehemaligen Erzieher, den General Polier, kennen gelernt. iese Erziehung ließ nichts zu wünschen übrig. Seine Majstät bevollmächtigten daher den Grafen von Münster, ihm e Leitung des jungen Herzogs von Braunschweig anzuagen, um seine Erziehung zu vollenden.

Herr von Polier wird uns erlauben, hier den Brief vorlegen, worin er den Antrag ablehnt. Er kann ihm nur r Ehre gereichen, und giebt ein unverwerfliches Zeugniß für

anch and which your late Father, in his last will, appears have had in contemplation. I flatter myself that your eonct, until that period, may justify my considering you then to govern others and to manage your own concerns.

Believe me, my dearest Nephews,

To be ever, etc. etc.

GEORGE. R.

Herrn von Linfingen, welches für sich allein hinreichend ist,
seinen Ankläger zu widerlegen. (Litt. D.)

(*Litt. D.*)

Monsieur le Comte,

La lettre dont Votre Excellence m'a honoré, étant mal‑
heureusement arrivée à Carlsruhe après mon départ, a été re‑
tardée de plusieurs jours. Je voudrois qu'il fût en mon pouvoir
d'exprimer combien j'ai été flatté et reconnoissant de la grâce
que Sa Majesté daigne me faire en m'appelant à remplir une
place aussi honorable auprès de Son Altesse Sérénissime le Duc
de Brunswick. Je n'ignore point tout ce dont je suis redevable,
dans cette circonstance, à l'indulgence et à la bienveillance de
Votre Excellence. J'y trouve de nouveaux motifs de regretter
davantage encore, de n'être pas à même de répondre, comme
je l'aurois désiré, à une faveur dont je sens tout le prix.

Lorsque j'ai quitté ma famille et ma patrie pour me dé‑
vouer au Prince Gustave, je n'ai consulté que le vif intérêt que
sa destinée m'avoit inspiré, et je suis infiniment persuadé, que
si Son Altesse Royale a surpassé mes espérances sous tous les
rapports, il ne faut l'attribuer qu'à la protection particulière
de la Providence, et aux qualités éminentes dont elle l'a douée.
A l'époque où j'ai cessé d'être gouverneur du Prince, Son Al‑
tesse Royale m'a témoigné le désir que je reste auprès d'elle.
Aussi long-temps que son sort ne sera pas ce qu'il devroit être,
et qu'en lui consacrant mon existence, j'aurai l'espoir de lui
être encore de quelque utilité, je ne m'en séparerai pas. Vo‑
tre Excellence a des sentimens trop élevés pour qu'il me soit
nécessaire de lui présenter d'autres motifs d'excuse. Sans doute,
je pourrois en trouver aussi dans la difficulté de la tâche que
je devrois entreprendre. En effet, Monsieur le Comte, si les
soins de Monsieur de Linsingen n'ont peut-être pas obtenu, jus-

Seine Majeſtät benachrichtigten ben Herzog im Julius 1822 von der Entlaſſung Seiner beiden Erzieher, und ſchlugen Ihm vor, mit dem Oberſt von Dörnberg, der dem Prinzen Wilhelm, Seinem Bruder, kurz zuvor auf die Univerſität Göttingen gefolgt war, nach Wien zu gehen, wo

---

qu'à présent, tout le succès qu'on avoit le droit d'en attendre, il est certain *que le zèle et la sollicitude avec lesquels il a constamment rempli les devoirs de sa vocation, lui ont justement acquis l'estime de tous ceux qui en ont été témoins.* Retenu à Lausanne par une fièvre nerveuse et bilieuse de la nature la plus grave, il a été infiniment pénible pour Monsieur de Linsingen d'être dans l'impossibilité d'accompagner les Princes à Carlsruhe, où Son Altesse Madame la Marcgrave les attendoit avec impatience. Monsieur de Linsingen est convalescent, mais d'après l'opinion des médecins, son rétablissement est encore assez éloigné, et exigera les plus grands ménagemens.

La bonté de Votre Excellence, à mon égard, m'encourage à la prier de vouloir bien mettre aux pieds de Sa Majesté l'hommage de mon respect, de ma profonde reconnoissance et de mon dévouement sans bornes.

Permettez-moi encore, Monsieur le Comte, de vous présenter mes très-sincères remercîmens et l'assurance de la considération très-distinguée avec laquelle j'ai l'honneur d'être,

de Votre Excellence,

etc., etc.

DE POLIER VERNAND.

Vernand, près Lausanne.
le 26 de Mai, 1822.

Seine Durchlaucht nach des Königs Absicht Ihre Erziehung vollenden sollten. (Litt. E.)

(*Litt. E.*)

My dear Nephew,

Having being informed, by the letter which you have addressed to me, that you disagree with both the gentlemen whom
I and your late father had chosen to attend on you, and being
further informed, that they themselves do not wish to continue in a situation, in which their faithful endeavours have
failed to place them on a comfortable footing with you, I in-
tend to recall them and shall endeavour to find means to reward
their valuable services. As to the new appointments, which
will become necessary, I refer you, in order to avoid repeti-
tion to the letter I have addressed to-day to your worthy
Grandmother and to what Monsieur de Bülow will communicate
to you on this subject.

Colonel Dörnberg, on whom I have fixed my choice, en-
joys, besides many qualities which distinguish him, equally as
a gentleman and a soldier, the advantage of having followed
your late father in his glorious march to England. However,
I should be sorry for you both to put him about you, in case
you should have any well-founded objection against his person.
Should you now wish for Mr. Eigner to stay with you (although your last letter to me expressed the same complaints
against him and Monsieur de Linsingen), I shall have no objection, provided he be willing to remain. In case he should
leave you, Monsieur de Hohnhorst, with whom you are acquainted, has been recommended to me for a second attendant
on you.

I request you will inform me with confidence of your
wishes, and remain,

My dear Nephew,

etc. etc.

(*Signed*) GEORGE. R.

Der Herzog bezeugte in Seiner Antwort vom 18ten
uguſt 1822 Seine Zuſtimmung zu der Wahl des Oberſten
ⁿn Dörnberg, (Litt. F.) und den Wunſch, Herrn Eigner
i Sich zu behalten. Dieſer blieb auch bis zu Seinem Re=
erungsantritt, wo der Herzog ihm eine ehrenvolle Anſtellung
ab. Wie kann es alſo Seiner Durchlaucht einfallen, ihn
ſt als einen Mitſchuldigen an den erſonnenen Verbrechen
s Herrn von Linſingen zu brandmarken?

Die Großmutter des Prinzen, Ihre hochfürſtliche Durch=
ucht die verwittwete Frau Markgräfinn von Baden, hatte die
ⁱrage aufgeworfen, ob nicht vielleicht der Beſuch einer
Deutſchen Univerſität dem Aufenthalt zu Wien vorzuziehen
ⁿ? Die Gründe, welche den König für Wien entſchieden,
ⁱnd in einem Briefe des Grafen von Münſter an Ihre Kö=
nigliche Hoheit die Frau Landgräfin von Heſſen = Homburg

Litt. F.)

    Sir,

With thankfulness have I received your Majesty's most
gracious letter through M. de Bülow. As much as I know of
Colonel Dörnberg, I have not the least objection to make to
his person, particularly if by nearer acquaintance he proves
o maintain the same manners of conduct which he had tow—
ards me at Lausanne. As Mr. Eigner wishes to remain, I wish
hat he may stay with me too.

    I remain, Sir,

        Your Majesty's

      most obedient Servant and Nephew,

              CHARLES.

Bruchsal, the 21st. August 1822.

44

ausgesprochen, welcher hier (Litt. G.) angeschlossen wird.
Dieser Auszug beweist nebenbei, daß selbst die Frau Mark

(Litt. G.)

Il ne me reste que d'indiquer les raisons qui empêchent
le Roi de partager l'opinion de Madame la Marcgrave sur le
choix du séjour du Duc Charles jusqu'à l'âge de sa majorité.
Son Altesse Sérénissime préféreroit celui d'une Université alle-
mande. Vienne en est une, et je doute qu'on puisse indiquer
une seule science qu'on n'y enseigne pas, et pour laquelle on
n'y trouveroit d'excellens maîtres. Il ne dépendra donc que de
la bonne volonté de Monseigneur le Duc d'en profiter. Mais
ce ne sont pas précisément les sciences qui constituent le but
principal de l'éducation d'un jeune Souverain. Il faut qu'il ap-
prenne à connoître le monde et les devoirs d'un Prince destiné
à gouverner. Madame la Marcgrave ne peut ignorer, qu'on
accuse son petit-fils d'avoir un penchant pour la mauvaise société.
Ce goût pourroit trouver trop d'aliment à la plupart des Uni-
versités allemandes. A Vienne, où le Roi a réclamé l'intérêt
de l'Empereur et du Prince de Metternich pour son neveu, les
devoirs que la cour et la bonne société imposeront à ce Prince,
ne sauroient qu'offrir des chances favorables. Il y verra des
Princes distingués, sous tous les rapports, parmi les Archiducs,
et d'ailleurs, il sera fort utile à Son Altesse Sérénissime de vivre
pour quelque temps dans une ville qui offrira à son observation
une échelle plus élevée et des proportions plus considérables
pour juger sa propre position dans le monde.

Le Roi a vu avec plaisir, que Madame la Marcgrave rend
justice à Monsieur de Linsingen. Il relève à peine d'une mala-
die causée probablement par les chagrins que sa position lui a
fait subir.

gräfinn des Herzogs Vorurtheil gegen Herrn von Linsingen nicht getheilt hatte.

Wir beschließen diesen Theil der Widerlegung der gehäfsigsten unter allen Anklagen, mit einem Schreiben Seiner Durchlaucht des Fürsten von Metternich an den Grafen von Münster vom 12ten August 1822, woraus man die Sorgfalt würdigen lernt, womit der König des Herzogs Aufenthalt in Wien so vortheilhaft für ihn als möglich zu machen Sich bemüht hatte, indem Er Ihn der Güte Seiner Majestät des Kaisers empfahl. (Litt. H.)

(*Lit. H.* particulière.)

Monsieur le Comte,

Je profite de la première occasion de courrier, quelque tardive qu'elle soit, pour avoir l'honneur de répondre à votre lettre particulière du 5 Juillet dernier. La nouvelle preuve de confiance que le Roi a bien voulu me donner en me demandant de faire choix d'un individu apte à remplir, pendant son séjour à Vienne, les fonctions de gouverneur près de Monseigneur le Duc de Brunswick, n'a pu que me pénétrer de reconnoissance. Quelque difficile qu'eût été le choix, et surtout la forme à saisir, pour remplir en entier les intentions paternelles de S. M., je me serois acquitté de ce que j'eusse regardé comme un devoir, si la dernière communication que Votre Excellence m'a fait faire par M. le Comte de Hardenberg, ne m'eût tiré d'embarras. Le but que le Roi s'est proposé est atteint, et je me sens soulagé de l'une des graves responsabilités que j'aurois eu à prendre sur moi; d'une responsabilité telle que j'eusse certes hésité de l'accepter, si les voeux du Roi ne portoient pour moi la valeur de véritables ordres.

Das Gesagte wird ohne Zweifel hinreichend seyn, um die Beschuldigung, daß die Erziehung Seiner Durchlaucht absichtlich vernachläßigt sey, in den Augen der Welt zu widerlegen. Wir gehen jetzt zur Widerlegung einer Anklage über,

---

Le choix que S. M. avoit fait porter sur Monsieur de Floret n'eût point pu être rempli. Cet employé, digne certes de tous les genres de confiance, étoit à l'époque où je reçus votre lettre, dans un état de santé tellement inquiétant, que je n'aurois pas osé me flatter, qu'il pourroit se charger de la conduite d'un jeune Prince. Il est depuis cinq semaines aux eaux de Carlsbad, et sa santé paroît se rétablir; je commence à me flatter, que je n'aurai pas à déplorer sa perte.

L'Empereur se propose d'attacher, à la personne du Duc, un officier d'un mérite et d'une moralité éprouvée, lequel sera chargé de faire les honneurs de Vienne à ce jeune Prince. Le Roi reconnoîtra dans ce fait, une preuve de la sollicitude réelle que S. M. I. voue à ce que le neveu de son ami et allié ne soit point livré à de mauvaises impressions. Entouré de personnes sûres, il y aura moyen de le diriger sur une route qu'il sera très-heureux de lui voir prendre. Je crois que Votre Excellence feroit bien en accréditant l'officier en question, près de la personne chargée de la conduite du Prince. Je ne puis pas encore répondre du nom de l'officier en question, vu que l'Empereur hésite encore auquel entre deux individus il accordera la préférence.

Veuillez agréer, Monsieur le Comte, l'assurance des sentimens d'amitié sincère, et de haute considération que Votre Excellence me connoît depuis long-temps pour elle.

METTERNICH.

Vienne, ce 12 Août, 1822.

die sich auf die Verhältnisse des Herzogs zu Seinem ehema=
ligen Erzieher bezieht, und die zu nichts weiter dient, als den
Werth der gegen den König gewagten Anklagen in ihr rechtes
Licht zu stellen.

Sollte man es für möglich halten, daß ein regierender
Herzog von Braunschweig, dessen Finanzen auf eine so glän=
zende Art wieder hergestellt sind, es dem König zum Vor=
wurf zu machen wagt, daß er dem Cammerherrn von Linsingen
ein jährliches Ruhegehalt von 900 Thaler Conventions=
Münze — kaum 143 Pfund Sterling — zugestanden hat.
Erinnern Sich Seine Durchlaucht nicht, daß Herr Prince,
der Sie nur wenige Jahre begleitete, nach der Bestimmung
des hochseligen Herzogs Ihres Vaters, ein jährliches Ruhe=
gehalt von 200 Pfund erhält?

Man bemerke den Ton, in dem Seine Durchlaucht von
dieser Sache reden: "His Serene Highness could not
"fail *by silent observation and calm enquiry to arrive
"at the fact*, that Monsieur de Schmidt-Phiseldeck
"had taken many arbitrary steps, which must be
"*highly* displeasing to the Duke."

Es war wohl nicht sehr schwer, diese wichtige Thatsache
zu entdecken. Hier ist sie:

"His Serene Highness found that Monsieur de
"Linsingen, who, during his attendance on the Duke,
"*for a year and a half*, had done nothing but torment
"and annoy him in a *dreadful* manner, had received a
"pension of 900 dollars, although on his appointment
"no promise of a pension was made him." Er fährt
fort: "If it was necessary to pension Monsieur de

"Linsingen for his systematic ill-treatment, *His Ma-*
"*jesty could have undertaken that burden on himself,*
"*and not have thrown it on His Highness, for which*
"*there could be no sufficient reason.*"

Seine Durchlaucht haben uns nicht die Gnade erwiesen, den Grund anzugeben, weßhalb ein Vormund verpflichtet seyn soll, die Kosten der Erziehung seines Mündels zu tragen. Zum Ersatz dafür erhalten wir die schöne Lehre über die Rechte eines Fürsten, der die Vormundschaft eines Prinzen übernommen hat:

"A tutelar sovereign possesses many rights of a
"*virtual* sovereign, but he is far from having them all.
"He may indeed possess the power of regulating mat-
"ters of importance, when their necessity and utility
"are undeniable, etc. On the other hand, it can, by
"no means, be admitted, that a tutelar *governor* has a
"right to *dispose of the private property of his ward*
"*arbitrarily*" (im gegenwärtigen Fall ist weder Willkür noch wird über persönliches Eigenthum verfügt) "as in this
"case, it might also be allowed, that he can alienate
"domains, or even exchange provinces according to
"his pleasure." (welch ein Schluß!!) "It is, therefore,
"difficult to perceive, how Count Münster should
"have allowed a pension to be granted to a young man,
"who had served the House of Hanover and not that
"of Brunswick, who had found it convenient to ask
"for his discharge after having played the taskmaster
"*for one year.* In a question of right, the sum is
"known to be of no consequence, and if his Majesty

"had the power of bestowing on Mr de Linsingen
"a pension of 900 dollars, he had equally the power
"of bestowing 9000! Things of this kind could only
"have been arranged with the previous concurrence
"of the present Duke, and if he, *consulting the inte-*
"*rest of the country*, now recalls this pension, he
"does *nothing more* or less than *retain property* that
"has been *illegally* disposed of."

Diese letzte Wendung giebt uns wenigstens den gewünsch=
ten Aufschluß über das, was der Herzog meint, wenn er
in Seiner Bekanntmachung von unerlaubter Verfügung
über wohlerworbene Regenten= und Eigenthumsrechte spricht.

Es ist unmöglich mehr Widersinniges und mehr Wi=
dersprüche in einem Satz zusammenzuhäufen, als sich in der
Klage über die Pension des Herrn von Linsingen finden.
Erst soll der König durch diese Handlung der Gerechtigkeit
über Privat=Eigenthum des Herzogs verfügt haben; bald
nachher ist es das Interesse des Landes, was die Zurück=
nahme der Pension erheischt; bald ist Herr von Linsingen
nur anderthalb Jahr im Amte gewesen, bald selbst nur ein
Jahr. Die Wahrheit ist, und kann Seiner Durchlaucht
nicht unbekannt seyn, daß Herr von Linsingen im Septem=
ber 1819 zum Erzieher der Prinzen ernannt wurde, und
seinen Abschiedsgehalt im October 1822 angewiesen erhielt.
Freilich hat er selbst seine Entlassung gewünscht, aber Seine
Durchlaucht verlangten sie nicht weniger, und sicher ist es
nicht sein Fehler, daß er nicht länger auf seinem Posten
geblieben. Konnte der König weniger thun, als ihm eine
mäßige Pension bei seiner Entlassung geben? Und weshalb
hätten Seine Majestät aus Ihren Hannoverschen Cassen

die Erziehungskosten eines der reichsten Deutschen Prinzen bestreiten sollen? Es wäre eben so überflüssig, diese Anforderung zu widerlegen, als den seltsamen Schluß, daß wenn ein Vormund das Recht haben solle eine Pension von 900 Thalern zu geben, man ihm auch die Befugniß zugestehen müsse, sie auf 9000 zu erhöhen, oder Provinzen abzutreten!!

Hat der Mann, welchen Seine Durchlaucht mit Abfassung der Schrift beauftragten, zu wenig Menschenverstand gehabt, um den Widersinn eines solchen Schlusses einzusehn, oder zu wenig Muth, um ihn aufzudecken und seinen Abdruck zu widerrathen?

Wir kommen zu dem Haupt=Klagpuncte, welcher darin besteht, daß Seine Majestät den Herzog erst mit beendigtem 19ten Jahre für mündig erklärt haben, während der Herzog es am Ende des 18ten, ja des 16ten gewesen zu seyn vorgiebt. Gewiß, es müßte ein sehr klarer Fall seyn, um die Bekanntmachung Seiner Durchlaucht zu rechtfertigen, worin das letzte Regierungsjahr des Königs für eine gesetzwidrige Anmaßung erklärt wird; außerdem müßte der Herzog nicht Selbst den Kaiser von Oestreich gebeten haben, den König um eine Verlängerung der Vormundschaft zu ersuchen, die sie noch sechs Monate über ihre wirkliche Beendigung hin ausgedehnt haben würde.

Alles das scheint dem Gedächtniß Seiner Durchlaucht entfallen zu seyn. Wir wollen die Beweggründe, welche Seine Majestät in dieser Sache geleitet haben, in wenig Worten darlegen.

Die Frage über den Eintritt der Volljährigkeit bei den Prinzen der herzoglichen Linie des Braunschweigischen Hauses

ist von verschiedenen Staatsrechtlehrern verschieden beant-
wortet, aber so wenig für das 18te Jahr entschieden, daß
die Braunschweigische Regierung bei dem letzten Fall dieser
Art, dem Regierungsantritt des Herzogs Carl im Jahr
1735, für diesen Prinzen beim Kaiserlichen Reichshofrath
veniam aetatis verlangte und erhielt, ungeachtet er schon
über das 22ste Lebensjahr hinaus war. Auf der andern
Seite leidet es keinen Zweifel, daß es immer von den Her-
zögen dieser Linie abhing, das Ende der Minderjährigkeit
zu bestimmen, und man findet beinahe kein Beispiel eines
Prinzen, der wie der jetzige schon mit vollendetem 19ten Jahre
die Regierung übernommen hätte. Man hatte bei Herzog
Erich dem Jüngern im 16ten Jahrhundert nur zu sehr
erfahren*), was es heiße, die Braunschweigschen Unterthanen
einem unerfahrenen Jüngling auszusetzen!

Seine Durchlaucht legen ein großes Gewicht auf die
Ansicht des verstorbenen Herrn von Martens, daß sich die
Minderjährigkeit mit dem 18ten Jahre endige — einem Zeitpuncte, der durch das Codicill des hochseligen Herzogs nicht
nothwendig verändert scheine. Das Gutachten des Herrn
von Martens ist auf Verlangen des Grafen von Münster geschrieben, und von letzterm der Braunschweigschen Regierung
mitgetheilt. Aber Herr von Martens kannte so wenig das
Testament des hochseligen Herzogs vom Jahre 1813, als
was die Braunschweigschen Archive über diesen Gegenstand
enthielten. Dieses bewog den Staatsminister Grafen von
Alvensleben, sie zu untersuchen; wir geben in der Anlage

---

*) Rethmeyers Chronik II. S. 804. Dieser Herzog ließ unter
andern seinen Lehrer, den berühmten Anton Corvin, ins Gefängniß
werfen, worin er sechs Jahre lang schmachten mußte.

No. IV die Denkschrift, worin er bewies, daß des Herrn von Martens Annahme nicht in den Hausverträgen begründet ist, und daß der Herzog selbst dann nicht mit dem 18ten Jahre volljährig würde, wenn sein Vater über die Dauer der Minderjährigkeit keine Bestimmung hinterlassen hätte.

Ein neuerliches Gutachten in dieser Sache, von der Hand eines berühmten Diplomaten, folgt in der Anlage No. V.

Die Bestimmungen des hochseligen Herzogs über diesen Punct sind folgende:

Zuerst heißt es in Seinem zu London am 5ten Mai 1813 gemachten Testamente: "Sollten die politischen Verhältnisse "es dereinst erlauben, daß meine Kinder, nach Vollendung "ihrer ersten Erziehung, nach Deutschland geschickt wer: "den könnten, wohin ich die Erlangung ihres 16ten "bis 20sten Jahrs rechne; dann wünsche ich, daß sie, "um mit den Sitten und Gebräuchen, den Interessen und "Rechten ihres deutschen Vaterlandes, und den Rechten, "die ihnen als deutsche Fürsten zustehen, bekannt gemacht "zu werden, dort hingeschickt, um unter der ausschließ: "lichen Aufsicht meiner Frau Schwiegermutter, jetzt ver: "wittweten Markgräfinn von Baden, ihre Erziehung "zu vollenden."

Diese Erklärung ist es, worauf seine Durchlaucht den Anspruch gründen, sogar schon beim Schluß Ihres 16ten Jahrs für volljährig erklärt zu werden.

Es ist unbegreiflich, wie aus einer Bestimmung, die den Prinzen in Seinem 20sten Jahre unter die ausschließliche

Auffiht ſeiner Frau Großmutter geſetzt haben würde, gefol=
gert werden konnte, ſein Vater habe Ihm bei erreichtem 16ten
Jahre die Regierung der Unterthanen übergeben wollen!

Am Ende deſſelben Teſtaments hatte ſich der Herzog
Wilhelm das Recht, etwaige Aenderungen zu treffen, mit
dem Zuſatz vorbehalten: "daß, wenn man ſolche Aenderun=
" gen mit ſeines Namens Unterſchrift finden würde, ſolche
" als wörtlich dem Teſtament einverleibt angeſehen werden
" ſollten." Wirklich änderte ſich bald darauf die Lage der
Dinge in Deutſchland, und im Begriff, dahin abzureiſen,
um Ihre Staaten wieder in Beſitz zu nehmen, ließen Seine
Durchlaucht in London am 2ten November 1813 eine förm=
liche Acte ausfertigen, worin Sie erklärten:

" Being about to depart from England, I have
" given, granted and disposed of unto His Royal
" Highness the Prince Regent, *the Custody and Tui-*
" *tion* of my two Sons Charles and William *and* the
" management of their Lands and Personal Estates
" for and during such time I shall remain absent
" from England in case my two Sons shall *so long*
" *remain under the age of twenty one years,* entreating
" His Royal Highness's attention to *such recommen-*
" *dations as I have already made* or *may hereafter*
" *make, etc.*

Es iſt klar, daß der hochſelige Herzog hiebei nicht aus=
ſchließend die Engliſchen Geſetze vor Augen hatte, wonach
ſich die Minderjährigkeit mit dem 21ſten Jahre endigt; denn

das Codicill ward gemacht, als der Feind das Herzogthum
Braunschweig schon verlassen hatte, und an andern Stellen
spricht der Herzog von "Lands and Personal Estates,"
da er doch keine "Lands" in England besaß. Uebrigens
bezieht Er sich ausdrücklich auf seine früheren Bestimmungen
und bekräftigt sie von Neuem.

Je mehr der junge Herzog heranwuchs, desto mehr be-
wegte zu Braunschweig die Frage über Seinen Regierungs-
antritt die Gemüther. Der König hatte zwei Rücksichten zu
nehmen: 1. Auf die Braunschweigischen Hausgesetze und
den Willen des hochseligen Herzogs.

2. Eine nicht minder wichtige war das künftige Wohl
der Unterthanen des Herzogthums und Seiner Durchlaucht
selbst.

Hätte nicht die Richtung des jungen Herzogs fast allgemeine Zweifel über die wichtige Frage erregt: ob Ihm das
Wohl Seiner Unterthanen mit vollendetem 18ten Jahre anvertraut werden könnte, so würden Seine Majestät mit gro-
ßem Vergnügen die Vormundschaft niedergelegt haben, da sie
keinen andern Reiz für Sie haben konnte, als den einer sehr
mühsamen Pflichterfüllung. Aber alle Nachrichten, welche
Sie Sich zu verschaffen vermochten, erfüllten Sie mit derselben Besorgniß. Sie beschlossen daher, Selbst zu urtheilen,
und luden bei Ihrer Reise nach Hannover im Jahre 1821
Seine Durchlaucht dahin ein.

Diese Zusammenkunft zerstreute des Königs Zweifel nicht;
sie wurden im Gegentheil von einer Menge erhabener Per-

fonen getheilt, die sich damals aus allen Theilen Deutsch=
lands um Seine Majestät versammelt hatten.

Der König sah sich dadurch in einer unangenehmen Lage;
denn auf der einen Seite zeigte der junge Herzog ein ungedul=
diges Verlangen, am Ende Seines 18ten Jahrs für volljährig
erklärt zu werden, auf der andern wurden Seine Majestät an=
gegangen, jeder Ungewißheit durch die Erklärung ein Ende zu
machen, daß der Herzog mit dem 21sten Jahre die Regierung
antreten solle. Ungeachtet nun Seine Majestät überzeugt wa=
ren, daß der Prinz mit Seinem 18ten Jahr nicht von Rechts=
wegen mündig sey, und daß eine weitere Entfernung dieses
Zeitpuncts nicht weniger für Seine Durchlaucht als für Ihre
Unterthanen von Nutzen seyn werde, so wollten Sie doch eine
Frage, die zu unangenehmen Verwickelungen führen konnte,
nicht für Sich entscheiden, sondern beschlossen, dabei den
freundschaftlichen Rath Ihrer Majestäten des Kaisers von
Oesterreich und des Königs von Preußen einzuholen.

Zu diesem Ende richtete der Graf von Münster am 5ten
Julius 1822 ein Schreiben an des Staatskanzlers Fürsten
von Metternich Durchlaucht und den damaligen Königlich
Preußischen Staatskanzler Fürsten von Hardenberg.

Die Antworten beider Fürsten (Litt. I. und K.) werden
hier unten mitgetheilt.

(Litt. I.)   Berlin, den 31sten July 1822.
    Hochgeborner,
        Ew. Excellenz geehrtestes Schreiben vom
5ten July habe ich erhalten und den Beweis Dero geneigten Vertrauens

Beide erkannten an, daß die Forderung des Herzogs, mit Seinem 18ten Jahre für mündig erklärt zu werden,

---

daraus mit lebhafter Dankbarkeit ersehen. Daß die Fortdauer der von S. Majestät dem Könige von Großbritannien, Ihrem allergnädigsten Herrn, im Jahre 1815 übernommenen Vormundschaft über den minderjährigen regierenden Herzog von Braunschweig bisher eben so sehr zum Besten der Unterthanen der Braunschweigischen Lande, als zur Emporbringung der Privat=Angelegenheiten des Herzogs und Seines Herrn Bruders gereicht hat, auch für die Erziehung beider Prinzen nützlich gewesen ist, wird allgemein anerkannt, und daher ist der Wunsch wohl eben so allgemein, die Vormundschaft und Regentschaft noch fortdauern zu sehen, wenn auch die im Braunschweigischen Hause darüber sprechenden Haus=Verträge und Bestimmungen zweifelhaft erscheinen sollten.

Nach dem Aufsatze des Herrn Staats=Ministers Grafen von Alvensleben Excellenz, würde ich geneigt seyn anzunehmen:

Daß da, wo väterliche Dispositionen über die Volljährigkeit etwas bestimmen, diese die Richtschnur geben, da aber, wo diese nichts deshalb festsetzen, das 18te Jahr die Regel sey.

Herzog Wilhelm hat zwar wegen der Majorität in seinem in England niedergelegten Testamente nichts bestimmt, jedoch scheint der ausgedrückte Wunsch: "daß Seine Söhne nach Vollendung ihrer ersten "Erziehung, wohin er die Erlangung des 16ten oder 20sten Jahres "rechne, nach Deutschland geschickt werden möchten, um unter Auf= "sicht ihrer Frau Großmutter ihre Erziehung zu vollenden, — " die Erlangung der Volljährigkeit in einem spätern Termin, als dem 18ten Jahre, anzudeuten.

S. Majestät der König, mein allergnädigster Herr, höchst welchem ich von der Sache Vortrag gemacht habe, sind der Meinung, ob nicht, um unangenehme Auftritte zu verhüten, durch den Wiener Hof, wo der Herzog sich jetzt aufhält, eine Einverständigung mit ihm zu versuchen, am räthlichsten seyn möchte, und glauben, daß S. Majestät der Kaiser von Oesterreich Ihre Vermittelung eben so willig eintreten zu lassen geneigt seyn werden, als Seine Majestät dazu bereit seyn

keineswseges rechtlich begründet sey; bennoch ergriff der König mit Bergnügen den Vorschlag des Königs von Preußen, die

würden, wenn der Fall wäre, daß der Herzog sich gerade in Berlin befände.

Mit der vorzüglichsten Verehrung, ꝛc.

Ew. Excellenz,

ꝛc.   ꝛc.

C. Fr. v. Hardenberg.

(Litt. K.) confidentiel.

Hochgeborner, ꝛc.

Mit wahrem Vergnügen habe ich mich beeilt, S. M. dem Kaiser den in mannichfaltiger Beziehung höchst wichtigen Gegenstand vorzutragen, worüber Ew. Excellenz mit geehrtester Zuschrift vom 6ten d. M. mir vertrauliche ausführliche Mittheilungen zu machen die Güte hatten. Es ist mir nunmehr der Auftrag zugegangen, Ew. Excellenz zu ersuchen, S. M. dem König, im Namen meines allergnädigsten Herrn, die dankvolle Anerkenntniß dieses neuen Beweises höchstschätzbaren Vertrauens an den Tag zu legen, und zugleich als Resultate der reiflichsten Würdigung und des lebhaftesten Interesses folgende hinsichtlich der Fortdauer der Regentschaft in dem Herzogthume Braunschweig in Anregung gekommenen Frage, von S. Maj. dem Kaiser aufgefaßten und in Entsprechung des geschenkten Zutrauens mit aller Offenheit und Freimüthigkeit hier entwickelten Ansichten zur Kenntniß S. M. des Königs gefälligst zu bringen.

Der Kaiser glaubt in dieser Angelegenheit für das wahre Interesse Seines erhabenen Bundes = Genossen nur einen Gesichtspunct als vorherrschend, und alle übrigen Rücksichten demselben untergeordnet betrachten zu müssen, nämlich jenen, daß vor den Augen der Welt selbst nur der entfernteste Schein irgend einer Verletzung der Rechte und Ansprüche des jungen Herzogs Carl auf das Sorgfältigste ver=

mieden, und dadurch jeder Vorwurf irgend einer Willkühr oder Pri=
vat=Absicht von Seiten der Hannöverschen Vormundschaft entkräftet
werden möge.

Es bedarf wohl keiner nähern Ausführung, wie wesentlich in
unserer so sehr bewegten Zeit, wo der rege Partheigeist emsig jeden
schwachen Faden auffaßt, seine Klagen über die dermalige Ordnung
der Dinge daran zu knüpfen, und Mißverständnisse unter den Regie=
rungen für seine sträflichen Absichten zu benutzen, Rücksichten dieser
Art geworden sind, und wie wichtig es demnach für jedes Gouverne=
ment ist, vorzugsweise in Fällen, wo, wie in dem gegenwärtigen,
Rechtstitel zu berücksichtigen sind, sich auf der möglichst correctesten
Linie zu halten.

Diese Bemerkung, deren Richtigkeit Seine Majestät der König
gewiß anerkennen werden, als nothwendige Prämisse vorangestellt, —
handelt es sich nun darum, die Hauptmomente in nähere Betrachtung
zu ziehen, welche einen entscheidenden Einfluß auf die Lösung der
Frage haben, ob der dermalen noch minderjährige Herzog Carl auf
den Antritt der Regierung des Herzogthums Braunschweig und des
Fürstenthums Blankenburg schon nach Vollendung seines 18ten Jahrs
Anspruch zu machen hat, oder ob die von S. M. dem Könige über=
nommene Vormundschaft und Regentschaft sich bis zur Vollendung des
21sten Lebensjahres dieses Prinzen erstrecken kann.

Als Quellen für die Beurtheilung dieser Frage stellen sich nun
die in der Autonomie des Herzoglich = Braunschweigischen Hauses ge=
gründeten rechtsgültigen, über die Volljährigkeit seiner Glieder be=
stehenden Haus = Gesetze, Familien = Verträge und die beobachtete Ob=
servanz, zugleich aber auch jene Anordnungen dar, welche der hoch=
selige letzte Herzog in Betreff der Vormundschaft und der Behandlung
seiner beiden Söhne festzusetzen sich veranlaßt gesehen hat, und es ist
nicht zu verkennen, daß die von Ew. Excellenz in dieser Beziehung
gefälligst mitgetheilten Materialien und Notizen, wenn sie einer ru=
higen unbefangenen Prüfung unterzogen werden, kaum irgend einen
Zweifel übrig lassen, daß ungeachtet des Pacti Henrico = Wilhelmini,
wo das 18te Jahr für die Volljährigkeit der Prinzen aus dem Hause

Braunschweig bestimmt wird, dennoch die Observanz den Regenten
daselbst verstattet, über die Dauer der Minderjährigkeit ihrer Kinder
die ihnen gutdünkenden Dispositionen zu treffen, so wie auch, daß
es wenigstens in dem Sinn der von dem letzt verewigten Herzog
hinsichtlich seiner beiden Söhne getroffenen Anordnungen liegt, daß
diese erst mit dem 21sten Jahre als volljährig betrachtet werden
sollen.

Diese Ansicht wird jedoch, wie Ew. Excellenz bemerken, von dem
jungen Herzoge nicht getheilt, und es entstehet dadurch eine Staats=
rechtliche Controverse, welche für die beiden hohen Interessenten inso=
fern in gleichem Grade wichtig und delicat ist, als eines Theils S. M.
der König nicht wohl auf die Erfüllung einer übernommenen und bis=
her von so glücklichem Erfolge gekrönten Pflicht vor Ablauf der nach
höchst Ihrer Ueberzeugung für die Leistung derselben festgesetzten Frist
verzichten können, andern Theils aber dem jungen Herzoge eine frei=
willige Entsagung seines vermeintlichen guten Rechts, mit vollende=
tem 18ten Jahre die Regierung seiner angeerbten Lande anzutreten,
nicht wohl zugemuthet werden kann.

Unter diesen Umständen und bei der Betrachtung, daß selbst auch
nur ein Versuch des jungen Herzogs, seine Ansprüche via facti geltend
zu machen, in mancherlei Beziehung unangenehme Folgen herbeiführen
könnte, und allgemeines Aufsehen erregen müßte, dürfte es daher,
nach der Ansicht S. M. des Kaisers, am räthlichsten seyn, alle nur
immerhin in dem Bereiche verwandtschaftlicher Verhältnisse sich dar=
bietenden Mittel und zu Gebote stehenden Gelegenheiten zu benutzen,
den jungen Herzog von der Nichtigkeit seines Anspruchs und von dem
wohlbegründeten Recht des Königs auf die Fortsetzung der Regent=
schaft der Braunschweigischen Lande zu überzeugen, und dadurch von
jedem irrigen Schritt abzuhalten; sollten aber Versuche dieser Art,
wider alles Vermuthen, fruchtlos bleiben, demselben zu erklären, daß
der König, als Beweis möglichster Nachgiebigkeit, Sich herbeizulassen
geneigt sey, den für die Ausgleichung solcher Differenzien geeignetsten
Weg einzuschlagen, und die Frage der compromissorischen Ent=
scheidung irgend eines Hofes, unter Mittheilung aller zur vollstän=
digen Beurtheilung nöthigen Behelfe zu unterziehen, welche sodann
für beide Theile verbindliche Kraft haben müßte.

geben. Der König bat darum in ben brei (Litt. **L. M. N.**)

So befriedigend ein Vorschlag dieser Art für den jungen Herzog seyn würde, und so wenig derselbe seine Beistimmung hiezu verweigern kann; so vollkommen ruhig können Seine Majestät der König gewiß die Chancen eines solchen Ausspruchs erwarten, zugleich aber auch dadurch den unverkennbarsten Beweis äußerster Mäßigung und strengster Unpartheilichkeit an den Tag legen, und auch dem leisesten Vorwurf begegnen.

Dieser ganz confidentiellen Aeußerung habe ich übrigens nur die Ehre die erneuerte Versicherung, 2c.

Ew. 2c.

2c.   2c.

Fr. Metternich.

Wien, den 19ten August 1822.

(*Litt. L.*)

My dear Nephew,

Your letter of the 7th. of June last, having expressed a doubt on the validity of the arguments which I considered as imposing on me the duty to continue, in the capacity of your Guardian and of Regent, to govern your hereditary dominions, until you should have attained your 21st. year. I am far from wishing to decide myself a question, in which I might, however erroneously, be considered as having any interest of a personal nature. I have, therefore, consulted with my Friends and Allies, the Emperor of Austria and the King of Prussia on this question, and have, in conformity with their views, requested his Imperial Majesty to converse with you on this subject and afterwards to inform me his of opinion, to which I am resolved to conform myself.

hier abgedruckten Briefen. Man wird bemerken, daß sie beinahe zwei Monat früher geschrieben sind, als der Herzog von Braunschweig sein 18tes Jahr beendigte.

I cannot doubt, that you will, on your part, render justice to the motives and feeling, which have dictated this resolution, an which I assure you are those of the sincerest interest in you and your future subjects' welfare.

I remain,

My dear Nephew,

etc., etc.,

(*Signed*)   GEORGE. R.

To my dearly beloved Nephew,
The Duke Charles of Brunswick.

(*Litt. M.*)

Monsieur mon Frère!

Votre Majesté connoît les doutes qui se sont élevés sur la durée de la minorité du Duc de Brunswick. J'ai reconnu avec reconnoissance, par la réponse de son Chancelier de Cour et d'Etat, le Prince de Metternich, au Comte de Münster, l'ntérêt amical avec lequel Votre Majesté a bien voulu s'occuper de cette question. Une décision devient pressante, parce que le Duc aura accompli sa dix-huitième année le 30 Octobre prochain. Elle est d'un intérêt majeur, sous différens rapports, surtout sous celui de l'influence décisive qu'elle aura sur le bonheur de habitans du Duché de Brunswick.

J'ai chargé le Comte de Münster d'expliquer au Prince de
Metternich quelles sont les observations que je crois devoir
faire, en exprimant à Votre Majesté, en conformité avec
l'opinion de S. M. le Roi de Prusse, mon voeu, qu'elle
veuille bien se charger elle-même de décider la question,
si la tutéle sur le Duc de Brunswick et la Régence de ses
Etats devroient finir après que le Duc aura accompli sa
dix-huitième année, ou être continuée jusqu'à sa vingt-
unième année?

Je suis, avec les sentimens de la plus haute estime et de
la plus inaltérable amitié,

Monsieur mon Frère,

de Votre Majesté,

le Bon Frère,

(Signé.)   GEORGE. R.

A Carlton-House, ce 5 Septembre 1822.

A Monsieur mon Frère,
L'Empereur d'Autriche.

(*Litt. N.*)

Mon Prince!

C'est avec une vive reconnoissance que j'ai reçu, le 23
Août, par le Baron de Neumann, la lettre que Votre Altesse
m'a fait l'honneur de m'écrire en réponse à celle que le Roi,
mon auguste maître, m'avoit ordonnée de lui adresser au
sujet des doutes que Monseigneur le Duc de Brunswick a
élevés sur le terme de sa minorité. Votre Altesse aura, de-

auf die freundschaftlichste Art an, wie aus dem Briefe Seiner

---

puis, reçu des mains du Conseiller de Légation de Rheinfelder copie de la réponse du Chancelier d'Etat, Prince de Harden-berg sur le même sujet.

J'ai profité de la première occasion qui s'est présentée, après le retour du Roi de l'Ecosse, pour porter à la connois-sance de Sa Majesté les deux réponses et pour prendre ses ordres. Le Roi a été infiniment satisfait de voir que Leurs Majestés, l'Empereur d'Autriche et le Roi de Prusse, rendent justice à sa façon d'agir, et qu'elles s'accordent si parfaitement sur la manière de parvenir à la décision de cette question.

Sa Majesté m'a ordonné d'adresser, en conséquence, les observations suivantes à Votre Altesse:

Si Sa Majesté se permettoit à ne consulter que sa propre convenance, elle renonceroit sans délai à la tutèle du Duc de Brunswick et se débarrasseroit, par là des soins qu'elle lui cause et des complications que pourroit amener l'idée au Duc, qu'il seroit en droit de gouverner lui-même ses Etats dès le 30 Octobre prochain, terme auquel il aura accompli sa dix-huitième année. Le Roi se croit, cependant, obligé en con-science à consulter surtout les véritables intérêts du Duc lui-même et ceux de ses Etats. Sa Majesté a senti l'importance de la question dont il s'agit. Les réponses des deux augustes Cours sont d'accord à conseiller à Sa Majesté de tâcher de convaincre le Duc de l'erreur où il se trouve par rapport à son prétendu droit; et dans le cas qu'il ne voudroit en con-venir, de proposer à Son Altesse Sérénissime de soumettre la question à l'arbitrage d'une Cour étrangère. Le Roi de Prusse désire que Sa Majesté l'Empereur d'Autriche veuille se char-ger du rôle d'arbitre, et Sa Majesté Britannique ne sauroit désirer de faire un meilleur choix. Sa Majesté observe, ce-pendant, que les moyens, pour convaincre le jeune Duc de son erreur, ont déjà été épuisés et que S. A. S. Madame la Marcgrave Douairière de Bade, grand'mère du Duc, et qui seule a de l'influence sur lui. paroît partager son opinion.

Le mémoire du Ministre d'Etat, Comte d'Alvensleben, qui traite la question sur le terme de la majorité des Princes de la maison de Brunswick a été présenté et expliqué au Duc, lors du dernier séjour de Son Altesse Sérénissime à Brunswick en 1821. Les dispositions testamentaires du feu Duc, son père, lui ont également été communiquées.

Le Roi est fort éloigné de vouloir décider lui-même une question dans laquelle on pourroit, (bien qu'à tort), lui supposer un intérêt personnel. Il en soumet la décision à l'Empereur, et désire engager Sa Majesté, par la lettre ci-jointe, que je dois prier Votre Altesse de lui présenter, de vouloir bien s'en charger.

Ce n'est que sur la manière de soumettre cette question à la décision de l'Empereur que Sa Majesté a des doutes.

Si Sa Majesté proposoit cette mesure au Duc, comme étant d'une nature litigieuse et qui demanderoit une décision comme telle, elle admettroit par là même, que le Duc se trouve en état de décider sur une des propositions les plus importantes pour lui et pour les sujets du Duché. Si on lui accorde le droit d'accéder à pareille proposition, on ne sauroit lui nier celui de s'y refuser; et la question, qui jusqu'alors se présentoit comme simplement révoquée en doute par lui seul, paroîtroit le devenir à l'égard du fonds de la question même. Il deviendroit alors, beaucoup plus difficile de se décider sur le parti à prendre.

Le Roi croit donc devoir remettre, dès à présent, l'affaire entière à la décision de l'Empereur, en abandonnant aux soins de Sa Majesté de vouloir parler de la manière et dans s formes qui lui paroîtront les plus convenables au Duc, et e vouloir ensuite déclarer, si d'après l'opinion de Sa Majesté mpériale, la tutèle devra continuer ou finir au terme indiqué u 30 Octobre prochain.

Sa Majesté n'a que deux observations à ajouter:

1. Elle est convaincue que le moyen terme proposé comme n accommodement, savoir celui de fixer la majorité du Duc l'âge de dix-neuf années et demie, ne sauroit produire un vantage réel, Sa Majesté étant persuadée que l'âge de vingt-n ans, seroit le terme le plus rapproché, auquel le Duc se rouveroit en état de gouverner son pays.

2. Que dans le cas que Sa Majesté se chargeroit de con-inuer la tutèle, elle ne consentiroit jamais à se faire dépossé-ler par une tentative inconsidérée de la part du Duc, mais [u'elle sauroit alors maintenir ses droits.

Le Roi doit désirer vivement de recevoir bientôt une ré-)onse décisive, pour que les habitans du Duché de Brunswick oient tranquillisés sur une question qui les intéresse si vive-nent.

Je crois devoir communiquer à Votre Altesse copie de la ettre ci-jointe au Duc de Brunswick, qui le Roi prie Votre Altesse de vouloir lui remettre dès son arrivée à Vienne, dans e cas que Sa Majesté Impériale aura daigné se charger de la lécision que le Roi lui a demandée.

C'est avec les sentimens de la plus haute estime que j'ai 'honneur d'être,

> Mon Prince,
>> de Votre Altesse,
>>> etc., etc.,
>>>> LE COMTE DE MUNSTER.

A Londres, ce 5 Septembre, 1822.

A Son Altesse,

M. le Prince de Metternich-Vinnebourg-Ochsenhausen.

> etc., etc., etc.,

Durchlaucht des Fürsten von Metternich bevorgeht. (Litt.
O.)

(Litt. O.)

Monsieur le Comte!

Je me suis empressé de présenter à Sa Majesté l'Empereur,
mon auguste maître, la lettre par laquelle Sa Majesté Britannique exprime le désir de voir, par l'intervention de l'Empereur,
terminés les différends qui se sont élevés sur la durée de la
tutèle de S. A. le Duc de Brunswick; et j'ai cru, en même
temps, devoir mettre sous les yeux de Sa Majesté, toutes les
observations que Votre Excellence m'a fait l'honneur de me
communiquer à ce sujet par sa lettre du 5 de ce mois.

C'est avec une satisfaction particulière que je suis en état
de vous assurer, Monsieur le Comte, que l'Empereur, en ap-
préciant cette marque de confiance de la part de son auguste
allié, est tout-à-fait disposé à discuter avec Monsieur le Duc
la question de laquelle il s'agit, et à faire valoir tout ce qui
pourroit engager ce jeune Prince à renoncer à ses projets pré-
maturés et à répondre aux vues paternelles de son auguste
tuteur.

Mais, comme ce ne sera qu'à la suite d'une entrevue, que
Sa Majesté pourroit se trouver à même de peser toutes les
chances et de communiquer au Roi son opinion sur la décision
définitive à prendre dans cette affaire, je suis fort peiné d'in-
former Votre Excellence que l'arrivée du Duc à Vienne n'a
pas encore eu lieu jusqu'à présent; ce qui nous donne peu
d'espoir de pouvoir aborder ici la question, vu que le départ
de Sa Majesté l'Empereur est fixé pour le premier du mois
prochain.

Le terme de la minorité du Duc approche, d'un autre
côté, tellement, que nous craignons qu'il ne puisse y avoir de

Der Fürst bezeugte sein Bedauern, daß eine dem Her=
zog von Braunschweig zugestoßene Unpäßlichkeit dessen An=
kunft in Wien verzögert habe, um so mehr, da die Reise des
Kaisers nach Italien auf den 1sten October festgesetzt sey.

Hieburch litt diese Angelegenheit einen Aufschub bis zum
März des folgenden Jahrs. Am 20sten dieses Monats hatte
der Fürst Staatskanzler eine Unterredung mit dem Herzog,
worin er demselben Seine ganze Lage vorstellte. Er hatte
Ihm gesagt: "Je ne forme pas le moindre doute que
"le Roi ne parte dans sa détermination de deux bases;
"l'une est celle de droit, et elle pourroit lui suffire;
"l'autre, est celle de la convenance, et elle vient à
"l'appui de la première base. Les temps sont dif-
"ficiles, et régner ne l'est pas moins." Der gütigst
mitgetheilte Bericht des Fürsten fährt fort: "J'ai cru de-
"voir diriger sa pensée sur un point de repos, qui,
"en le plaçant hors de la nécessité de préjuger

---

l'intention de sa part dans le retard qu'il a mis de se rendre
à Vienne, où Son Altesse est annoncée depuis si long-temps.

Agréez, Monsieur le Comte, les assurances de la haute
considération avec laquelle j'ai l'honneur d'être,

Monsieur le Comte,

de Votre Excellence,

etc., etc.

METTERNICH.

Vienne, le 21 Septembre, 1822.

A Son Excellence,
Monsieur le Comte de Münster,
etc., etc., etc.

5 *

"la question du droit, pourroit le conduire à une
"détermination sur le fait. Je mis à cet effet en
"avant l'idée, que de son propre mouvement il pour-
"roit déclarer à Sa Majesté Britannique, que dési-
"rant vouer un temps donné à ses voyages, il re-
"garderoit comme une faveur, qu'elle voulut bien
"continuer à administrer le Duché; le Duc parut
"saisir cette idée. Son Altesse Sérénissime, après
"quelques momens de réflexion, me dit, qu'elle n'op-
"posoit rien à l'idée. Elle évalua le terme à énoncer,
"et finit par s'arrêter à celui d'une année. Elle me
"témoigna, en même temps, le désir que ce fut de
"notre part," (vom Oesterreichischen Hofe nämlich) "que
"l'essai fut tenté, vu que dans ses relations directes
"avec Sa Majesté Britannique, elle n'avoit pas encore
"été dans le cas de toucher rien de la question.
"Je me chargeai d'en écrire à Londres."

Ist ein klarerer Beweis nöthig, daß der Herzog durch
die Bekanntmachung, worin Er jetzt das letzte Jahr der
vormundschaftlichen Regierung Seiner Majestät für unrecht-
mäßig erklärt, in offenbarem Widerspruch zu seinem eigenen Uebereinkommen mit dem Wiener
Hofe gehandelt hat? Und dies ist um so unverzeihlicher,
da der König, wie man gleich sehen wird, Seiner Durchlaucht die Regierung Ihres Herzogthums sechs Monat vor
dem vom Herzog Selbst vorgeschlagenen Zeitpuncte übergeben hat.

Der Herr Fürst von Metternich hatte sein Schreiben an
den Grafen von Münster, wovon wir so eben einen Auszug
gegeben, mit der Bemerkung beschlossen, daß er glauben
würde gegen die Wahrheit zu fehlen, wenn er ihm seine

Zufriedenheit nicht ausdrückte, "qu'il avoit eu de ren-
"contrer dans le Duc, un calme et un aplomb su-
"périeur à son âge, et un respect pour son auguste
"Tuteur qui lui paroissoit celui d'une belle âme."
Als der Graf von Münster diesen Brief Seiner Majestät
vorgelesen hatte, befahlen Sie ihm des Fürsten von Metternich Durchlaucht zu antworten: "qu'en consentant à
"la proposition de Monseigneur le Duc, sous la
"forme proposée, Son Altesse ne disconviendroit
"pas que le Roi reconnoîtroit indirectement au Duc
"le droit de l'avoir faite, et qu'elle admettroit im-
"plicitement, que les pactes de famille de la maison
"ducale de Brunswick-Lunebourg, ainsi que les dis-
"positions testamentaires du feu Duc pourroient
"être interprêtées dans un sens favorable à l'inter-
"prétation que Son Altesse Sérénissime voudroit
"leur donner; et que par conséquent les hommes
"éclairés et intègres, qui avoient jugé la question
"d'une manière opposée s'étoient trompés." Diese
am 29sten April 1823 ausgefertigte Antwort schließt mit
den Worten:

"Heureusement le récit de Votre Altesse contient
"une observation qui a fait d'autant plus de plaisir
"au Roi, qu'elle éloigne toutes les difficultés qui
"pourroient lui rester. Votre Altesse assure avoir
"trouvé Monseigneur le Duc supérieur à son âge,
"etc., cette assurance, donnée par un homme d'Etat
"tel que Votre Altesse, qui connoît mieux que per-
"sonne tout ce qu'il faut de nos jours pour gouverner,
"suffit au Roi pour le décider à remettre au Duc les
"rênes du Gouvernement de ses Etats héréditaires,

"dès le 30 Octobre, jour auquel Son Altesse Séré-
"nissime aura accompli sa dix-neuvième année.

"Sa Majesté auroit même, avec plaisir, rapproché
"ce terme, si d'un côté elle n'avoit cru convenable
"de laisser au Duc le temps de faire ses arrangemens
"nécessaires; et si, de l'autre, les travaux de la
"première diète générale des Etats de Brunswick,
"qui va se terminer de la manière la plus satisfai-
"sante dans le courant de l'été, ne paroissoit mar-
"quer ce terme comme le plus propre au change-
"ment indiqué."

Der König Selbst kündigte dem Herzog am 29ſten
April 1823 Seinen Entſchluß in einem der freundſchaft=
lichſten Briefe an. (Litt. P.)

(*Litt. P.*)

     My dear Nephew,

     The answer I have ordered my minister to write to the
Prince Metternich, on the subject of the conversation this
enlightened statesman had with you, concerning the period
at which I might resign to you the Government of your
hereditary dominions, will be a convincing proof that I never
wished, for a moment, to continue the trust confided to me
any longer than was consistent with the will of your late
father and the true spirit of the rules established in your
branch of our family.

     I have received, with the sincerest satisfaction, the as-
surance given by Prince Metternich of his having found you
such, that I may venture to deliver to your own hands the

Der Herzog beschränkt indessen Seine Klage nicht einmal darauf, daß der König die Uebergabe der Regierung rechtswidrig verzögert hätte, Seine Durchlaucht beschweren sich auch darüber, daß Sie bei Ihrer Ankunft in Braunschweig niemanden vorgefunden, um die Regierung zu übergeben, außer den Grafen von Alvensleben, der im Begriff gestanden Braunschweig zu verlassen, und Herrn von Schmidt-Phiseldeck, der Ihnen keinen Bericht über die vormundschaftliche Regierung, ja nicht einmal über die von ihm geführte Verwaltung Ihres persönlichen Eigenthums, abgestattet hätte.

---

welfare of those subjects which Providence has confided to your care. I have, therefore, determined even to accelerate the term which you had mentioned as the time about which you wished to begin your reign, and I have given the necessary directions that the exercise of your sovereign authority, in your own name, may begin on your next birth-day. I flatter myself, that the more you shall get acquainted with your own concerns, the more you will be convinced, how sincerely I have had at heart to promote your welfare and the happiness of your subject.

I remain, most sincerely,

My dear Nephew,

etc., etc.,

(*Signed*) GEORGE R.

Carlton House,
29th. April, 1823.

To my dearly beloved Nephew,
The Duke of Brunswick.

Die deutsche Ausgabe der Schmähschrift verbreitet sich
noch weiter über diesen Punct. Sie macht es zum Vorwurf,
daß sich weder des Herrn Herzogs von Cambridge Königliche
Hoheit noch der Graf von Münster in Braunschweig einge-
funden hätten, um dem Herzog die Regierung zu übergeben.
Der König hat nicht eingesehen, daß dieses nothwendig gewesen,
und weder Seine Königliche Hoheit noch der Graf würden
sich haben so lange aufhalten können, als es der Graf von
Alvensleben that, welcher in der Welt hoch genug stand,
um das Geschäft zu übernehmen, und der sich dessen aufs
vollkommenste entledigt hat. Was aber das Vorgeben betrifft, daß die Vormundschaft dem Herzoge weder einen
Bericht über ihre Verwaltung noch über das eigene Vermögen der Prinzen abgelegt habe, so wird ihm hiemit aufs
Bestimmteste widersprochen. Wie der Herzog eine solche
Beschuldigung hat wagen können, wird einem jeden, der
das folgende lies't, unbegreiflich scheinen.

Bei Annäherung der Zeit, wo dem Herzog die Regierung
übergeben werden sollte, hatte der König für angemessen
gehalten, Seiner Durchlaucht einen Brief zu schreiben, den
wir hier vollständig einrücken:

Durchlauchtigster, 2c.

  Im Augenblick, da Ich im Begriff
bin, Meiner früher gegebenen Zusicherung gemäß, die über
Eu. Liebden geführte Vormundschaft niederzulegen und die
Regierung Dero Staaten Ihren eigenen Händen zu übergeben, finde Ich Mich veranlaßt, Eu. Liebden zu benachrich-
tigen, daß Ich sowohl zu dem Geschäft der Uebergabe als
der Auseinandersetzung des bislang ungetheilten Privat-
Vermögens Eu. Liebden und Dero Herrn Bruders des

Prinzen Wilhelm Liebden, den bisherigen Staats=Minister, Grafen von Alvensleben, ernannt habe, der sich durch besondere von Mir vollzogene Vollmachten zu diesem Geschäft legitimiren wird. Ich darf um so mehr hoffen, daß diese Wahl Eu. Liebden angenehm seyn werde, als der Minister Graf von Alvensleben den dasigen Staats=Angelegenheiten bisher auf eine rühmliche Weise vorgestanden und Gelegenheit gefunden hat, sich auch von der Lage des Fürstlichen Privat=Vermögens genau zu unterrichten.

Die eigene Verwaltung Eu. Liebden Angelegenheiten wird Ihnen, wie Ich zuversichtlich erwarten kann, die Ueberzeugung gewähren, daß Ich bei Meiner vormundschaftlichen Administration lediglich Dero und Ihrer Unterthanen Bestes vor Augen gehabt habe, und daß Ich so glücklich gewesen bin, Meine Wünsche in dieser Hinsicht mit dem besten Erfolge gekrönt zu sehen.

Um den ganzen Lauf der vormundschaftlichen Geschäfts=führung in mein Gedächtniß zurück zu rufen und um dieselbe unter einen Gesichtspunct zu stellen, habe ich einen B e r i c h t des dasigen Geheimen=Raths=Collegii begehrt, der Mir auch unterm 25sten September eingesandt worden ist.

Ich ersuche Eu. Liebden, Sich diesen Bericht vorlegen zu lassen, um Sich schnell davon zu unterrichten, wie die dasige Landes=Verfassung, mit möglichster Berücksichtigung althergebrachter Rechte, den veränderten Zeit=Umständen anpassend hergestellt worden ist; wie die ganze Organisation der innern Geschäfts=Verwaltung geregelt; wie den wichtigsten Bedürfnissen der Gesetzgebung abgeholfen, und endlich der finanzielle Zustand sowohl

der Steuer= als der Kammer=Caſſe, ſo wie des fürſtlichen
Privat=Vermögens geordnet und in einen blühenden
Zuſtand gebracht worden ſind.

Ich kann die vorzügliche daſige Dienerſchaft und die
Braunſchweigiſchen Unterthanen Eu. Liebden nicht beſſer
empfehlen, als indem Ich Mich auf die Reſultate beziehe,
welche jener Bericht zuſammenſtellt.

Ich verbleibe, ꝛc.

Eu. ꝛc.

ꝛc.   ꝛc.

GEORGE R.

An des regierenden Herzogs Carl zu
   Braunſchweig und Lüneburg Liebden.

Damit Seine Durchlaucht das Vorhandenſeyn dieſes
Geheimen=Raths=Berichts nicht ferner leugnen könne, geben
wir ihn in der Anlage No. VI.; haben Sie Sich ihn nicht
vorlegen laſſen, ſo iſt es Ihre eigene Schuld!

Was aber die Rechnungsablage über das perſönliche Ver=
mögen der Prinzen betrifft, ſo braucht man ſich nur daran
zu erinnern, daß die Theilung zwiſchen beiden Brüdern bald
nach dem Regierungsantritt des Herzogs zu Stande gekom=
men, und von Seiner Durchlaucht unterzeichnet iſt, und
daß die Grundlage dieſer Theilung die vom Herrn von
Schmidt=Phiſeldeck abgelegten Rechnungen ausmachen.

Es wäre überflüſſig, dieſe ſehr ausführliche Arbeit abzu=
drucken; ſie war dem eben erwähnten Bericht beigefügt, und
findet ſich alſo in den Händen des Herzogs. Seine
Durchlaucht wird daraus erſehen haben, daß dieſes perſön=

liche Eigenthum, deſſen wichtigſter Beſtandtheil, das Fürſten-
thum Dels, beim Tode der Herzoge Friedrich und Wilhelm
mit Schulden beladen war, ſich unter der Verwaltung des
Herrn von Schmidt um 599,111 Thaler vermehrt hat.

Wir kommen auf eine andere, eben ſo übel begründete
Klage.

Der Herzog beſchwert Sich darüber, daß der König
die Braunſchweigſchen Stände wiederhergeſtellt hat. Er
behauptet, dieſe Handlung nicht beſtätigt zu haben:

1. weil eine Veränderung der ältern Verfaſſung "in-
"volves a *surrender* of the rights of the Sovereign,
"to which no tutelar government is authorised."

Alles dieſes iſt falſch. Fürs erſte hat der König die Rechte
der Braunſchweigſchen Landſtände weder vermehrt noch vermindert; Seine Majeſtät hat ihnen nur die Aenderungen
vorſchlagen laſſen, welche durch die Veränderung der alten
Deutſchen Reichsverfaſſung nothwendig geworden waren.

Der König ſah Sich durch den 13ten Artikel der Bundes-
Acte verpflichtet, die Stände des Herzogthums wiederher-
zuſtellen. Es ſteht nicht in jenem Artikel, daß ein Land,
welches der Krieg umgewälzt hat, ſeiner Verfaſſung beraubt bleiben ſolle, weil ſein Fürſt minderjährig iſt. Aus-
ſerdem beſtimmt der 56ſte Artikel der Ergänzungen der
Deutſchen Bundes-Acte, daß allenthalben, wo eine Verfaſſung beſteht, Veränderungen darin nur auf verfaſſungsmäßigem Wege gemacht werden ſollen. Der König konnte
daher nichts anders thun, als den Ständen die durchaus

nothwendigen und dringenden Veränderungen vorschlagen, und die Stände haben sich bei dieser Gelegenheit so vernünftig als aufgeklärt gezeigt.

Vergessen Seine Durchlaucht, daß das Herzogthum Braunschweig eine Landschafts=Ordnung vom 9ten April 1770 besitzt, welche ein wahrer Vertrag zwischen dem Herzog und Seinen Unterthanen ist, und die die Herzoge, Ihre Vorfahren, zu bestätigen versprochen haben? Der letzte Herzog vor dem Einbruch der Franzosen im Jahre 1806, Carl Wilhelm Ferdinand, der Großvater des jetzigen Herzogs, hat eine feierliche Bestätigungs=Urkunde darüber ausgestellt.

Die Rede, welche der Graf von Münster in Gegenwart Seiner Durchlaucht zu den versammelten Braunschweigschen Ständen hielt,* und die Verordnung "die erneuerte Land="schafts=Ordnung betreffend," vom 25. April 1820.† werden beweisen, mit welcher Rücksicht auf die Rechte Seiner Durchlaucht dieser Gegenstand in Ordnung gebracht ist. In der That besteht die einzige Klage, die der Herzog dagegen vorzubringen vermocht hat, — sollte man es glauben? — darin, daß man für nöthig gefunden, die Befehle des Fürsten durch einen Seiner Geheimen Räthe contrasigniren zu lassen. Konnte man weniger zur Beruhigung der Unterthanen thun, die ehemals das wichtige Recht besaßen, gegen die Mißbräuche der Fürstlichen Gewalt bei den Deutschen Reichsgerichten Klage zu führen, und sich nun durch die Bundes=Acte einem

* S. Beilage No. VII.
† Gegeben zu Carlton=House am 25sten April 1820. und am folgenden 19ten Junius von den Ständen des Herzogthums Braunschweig und Fürstenthums Blankenburg angenommen und unterzeichnet.

unabhängigen Herzog unterworfen sahen? Die Contrasig=
natur schützt den Fürsten wie den Unterthan gegen Verfäl=
schungen, und ist in allen wohl geordneten Staaten im Ge=
brauch, und obwohl sie in England und Frankreich gesetz=
lich besteht, so halten sich doch die Könige dieser Reiche für
nicht weniger unabhängig, als es der Herzog von Braun=
schweig ist. Daß dadurch den Unterthanen auf keinen Fall
zuviel eingeräumt worden, haben Seine Durchlaucht am
besten selbst bewiesen, da wir sehen müssen, wie wenig es
Sie kostet, Räthe zu finden, die ihren Namen zu solchen
Verordnungen und Klagen hergeben, wie die, womit wir
uns hier beschäftigen. Männer, deren Leben bis dahin rein
und achtungswerth gewesen, haben die harte Wahl gehabt,
entweder ihr Brod zu verlieren, oder ihren Namen unter
Verordnungen zu setzen, die sie nicht anders als mißbilli=
gen konnten.

Wir erkennen uns in Beziehung auf eine Äußerung Seiner
Durchlaucht für schuldig. Sie behaupten, daß derjenige weder
Ihren väterlichen Gesinnungen noch Ihrem Character Ge=
rechtigkeit widerfahren lasse, welcher glauben würde, daß Sie
der Vorschrift der Bundesacte entgegen strebten, wonach in
allen Bundes=Staaten ständische Verfassungen bestehen sollen.
Unsere Zweifel beruhen auf Thatsachen. Der Herzog hat
über drei Jahr regiert, ohne, wie Er selbst gesteht, von
Rechten Seiner Stände hören zu wollen. Außerdem ver=
stehen Seine Durchlaucht die Bundesacte nicht richtig, wenn
Sie glauben, Sie würden dem Herzogthum Braunschweig
eine Verfassung zu geben haben müssen. Sie bestand in
voller Kraft, als Bonaparte's Heer das Land im Jahr 1806

überzog; sie beruhte auf einem Vertrage, und auf Rechten, welche die Vorfahren zugeſtanden und bis auf den letzten Herzog herab ohne Ausnahme beſtätigt hatten. Sollte die Treue, welche die Braunſchweiger bewieſen, mit dem Ver= luſt ihrer Rechte belohnt werden?

Die auf dem Wiener Congreß vereinigten Fürſten waren weit davon entfernt, etwas der Art feſtzuſetzen, und die Ergänzungs=Acte des Deutſchen Bundes ſagt in ihrem 55ſten Artikel ausdrücklich, daß es von den Fürſten abhängt, die Einführung der Verfaſſungen, wovon der vorhergehende Artikel handelt, anzuordnen, doch mit Beobachtung der geſetzmäßigen Rechte der Stände, und der ge= genwärtigen Verhältniſſe. Der 56ſte Artikel fügt hinzu, daß die in anerkannter Wirkſamkeit beſtehenden Verfaſſun= gen nicht anders als auf verfaſſungsmäßigem Wege geändert werden ſollen.

Gerade das iſt es, was der König gethan hat, indem er die Braunſchweigiſchen Stände über die nothwendig ge= wordenen Aenderungen zu Rathe zog. Der Erfolg iſt für den Fürſten wie für die Unterthanen befriedigend ausgefal= len, und Seine Durchlaucht würden in offenbarer Wider= ſetzlichkeit gegen die Bundes=Acte und gegen die Grund= geſetze Ihres Herzogthums handeln, wenn Sie das geſetz= mäßig Beſtehende willkürlich verändern, oder eine Verfaſ= ſung aus dem Stegreif machen wollten.

Aber das iſt eine Frage, die wir fortan dem Herzog und den Braunſchweigiſchen Landſtänden überlaſſen können; wir wollen lieber der Welt den Ausdruck ihrer Dankbarkeit ge= gen den König und Allerhöchſtdeſſen Miniſter vor Augen

legen, * und verbinden damit ein Schreiben, welches we-
nige Tage nach des Herzogs Regierungsantritt, von dem
Braunschweigischen Geheimen-Rath an den Grafen von
Münster erlassen ward.† Ohne Zweifel werden sich Seine
Durchlaucht von den darin ausgedrückten Gefühlen lossagen,
weil sie von Dienern unterzeichnet sind, welche Sie eben
verungnadet haben; aber das nimmt ihnen nichts von ih-
rem wahren Werth, und der Graf von Alvensleben, dessen
Name mit unter dem Schreiben steht, findet sich außer dem
Bereich Ihrer Verdammniß.

Es bleibt uns noch eine Klage zu berühren übrig, nämlich das lange Gerede über die Anordnungen der Braunschweigischen Regierung in dem dortigen Theaterwesen, eine
Sache, die dem Geheimen-Rath so unwichtig schien, daß er
sie nicht einmal dem König vorgelegt hat. Die Regierung
urtheilte mit Jean Jacques, daß man in großen Städten
Schauspiele bedarf, und da das Braunschweigische sich nur
unter dem Beistande des Hofes erhalten konnte, so traf sie
die vortheilhaftest-scheinende Vereinbarung mit einer Gesellschaft wohlhabender Einwohner, die nicht sowohl ihren Gewinn als die Herstellung eines guten Theaters im Auge
hatten. In der That sollen sie dabei beträchtlich eingebüßt
haben, und die Actien auf 60 pro Cent gefallen seyn. Seine
Durchlaucht werden wohl nicht leugnen, daß dieser Zweig
Ihrer Ausgabe seit Ihrem Regierungsantritt unendlich gewachsen ist. Ohne allen Zweifel ward der Vertrag, welchen
der Herzog für so unvortheilhaft hält, mit derselben Gewiß-

---

* S. Anlagen No. **VIII** und **IX**.
† S. Anlage No. **X**.

senhaftigkeit und Umsicht gemacht, wodurch sich sonst über=
haupt die Braunschweigsche Regierung auszeichnete, und
die Klagen Seiner Durchlaucht über diesen Gegenstand
werden mit der Wahrheitsliebe abgefaßt seyn, die in ihrem
schriftstellerischen Versuche überall zu Tage liegt. Seine
Durchlaucht haben sich hiebei, zur Belustigung Ihrer Leser,
sogar im Witz versucht; Sie vergleichen Herrn von Schmidt=
Phiseldeck mit St. Crispin. Wir glauben, die einzige auf
den Fall passende Fabel, ist die vom Wolf und Lamm.

Die Gehalts=Zulage der beiden Geheimen=Räthe, welche
ebenfalls den Unwillen Seiner Durchlaucht erregt hat, ward
ihnen auf die Vorstellung des Grafen von Alvensleben zu=
gestanden, daß ihr Gehalt ganz unzureichend sey. Der Kö=
nig genehmigte den Vorschlag in der Betrachtung, daß
Herr von Schmidt=Phiseldeck, außer seinen Regierungs=Ge=
schäften, die Verwaltung des persönlichen Vermögens der
Prinzen, mit Einschluß des Fürstenthums Oels, und Herr
von Schleinitz den Vorsitz im Ober=Appellations=Gericht zu
Wolfenbüttel zu führen hatte, und sich zweimal wöchentlich
dahin begeben mußte.

Man wird uns nicht zumuthen, auf Beschuldigungen
gegen Herrn von Schmidt über sein Betragen auf dem
Wiener Congresse zu antworten; sein Fürst, des Herzogs
Vater, hat es gebilligt. Und wäre das auch nicht, wie
kann man ihm ein Verbrechen daraus machen, daß er etwas
nicht erhalten hat, was Seine Durchlaucht Selbst, wenn
Sie Ihre Forderung erneuern wollten, eben so wenig er=
halten würden?

Wenn der Herzog sagt, Herr von Schmidt habe der Han=

verschen Regierung ruhig erlaubt in ihrem Lande Zölle
zulegen, die den Braunschweigischen Handel beeinträchtig-
n, so darf man wohl fragen, welches Recht und welche
Mittel hatte er, eine benachbarte Regierung in der Anordnung
rer eigenen Angelegenheiten zu stören? Aber man muß
issen, und der Herzog weiß es auch, daß Herr von Schmidt
:ineswegs unterlassen hat, Vorstellung gegen jene dem
erzogthum nachtheilig scheinende Einrichtungen zu machen,
nd es ist in Folge dieser Vorstellungen und der darüber
ingeleiteten Unterhandlungen, daß ein Vertrag geschlossen
vorden, der ganz kürzlich von beiden Regierungen bestätigt ist.

Wir müssen noch von einer andern Klage des Herzogs
gegen Herrn von Schmidt=Phiseldeck reden. Seine Durchlaucht behaupten, er habe amtliche Papiere zurückbehalten,
die er dem Geheimen=Rath hätte abliefern müssen. Diese
Papiere waren nichts anders als sein Briefwechsel mit dem
Grafen von Münster. Es hing doch gewiß vom König ab,
auf welche Weise die Verbindungen mit den Beamten des
Herzogthums unterhalten werden sollten. Alles was die
Erziehung des Herzogs betraf, die Berichte seiner Hofmeister,
ja selbst die Verhandlung über die Frage: ob es wohl gethan
seyn würde, Seiner Durchlaucht die Regierung vor erlang-
ter Reife zu übergeben? war nicht dazu geeignet in die
amtlichen Papiere überzugehen, und allen Personen, welche
die Regierung ausmachten, vor Augen gelegt zu werden.
Außerdem sind die Briefe des Grafen von Münster über
diese Gegenstände hauptsächlich an die Grafen von Schulenburg und von Alvensleben gerichtet worden.

Wir hatten gehofft, uns auf Widerlegung der Schrift

6

beschränken zu können, deren Unwahrhaftigkeit nun in das vollefte Licht gesetzt ist. Leider aber haben Sich Seine Durchlaucht zu einem neuen Schritt verleiten lassen, der dem frühern überall gleich ist, und dessen Absicht nur von noch größerer Unbesonnenheit zeugt.

Wir sehen eine neue Schrift erscheinen:

»Beschwerde=Schrift der Herzoglich Braunschweigischen »Regierung, welche durch vielfache Rechtskränkungen von »Königlich Hannoverscher Seite begründet, und durch das »öffentliche Aergerniß der widerrechtlichen Schutz=Verleihung »und Anstellung des Geheimen = Raths von Schmidt »Phiseldeck abgenöthigt ist.»

Dieses Machwerk sollte dem Bundestage zu Fra übergeben werden; es schließt mit der Aufforderung, daß Bund die Hannoversche Regierung verurtheilen wolle, Herzog von Braunschweig vollständig für die vorgeblichen Beeinträchtigungen Seiner Rechte zu entschädigen, und sich eines Verfahrens zu enthalten, welches mit den Bundes= Gesetzen und mit der Grundverfassung von Recht und Ord= nung sich nicht vertrage, den Meineid und Verrath begünstige, und in Deutschland nicht herrschend werden könne, ohne den Untergang seines Friedens, seines Glücks und seiner Ehre zu befördern.

Von solchen Schmähreden wimmelt die Schrift: Kann man seine Beleidigungen gegen eine Regierung weiter treiben, die allgemein als gerecht und gemäßigt anerkannt ist?

Wir ersparen dem Leser und uns selbst den Ekel, den ein

Auszug dieses die schwärzeste Undankbarkeit übertreffenden
Machwerks erregen würde, wir wollen nur die darin ange=
führten Beschuldigungen kurz aufzählen.

Es sind ihrer acht, und die vier letzten darunter nichts als
eine Wiederholung der eben widerlegten Klagen über die Be=
schützung des Herrn von Schmidt=Phiseldeck. Sie finden
sich hier in vier lange Abschnitte zerlegt, in denen er zum
beständigen Stichblatt dient. Als Beweis, wie sehr die
Hannoversche Regierung die Verwünschungen des Herzogs
durch den Schutz, welchen sie dem Gegenstande Seines
Hasses angedeihen lassen, verdient habe, führen Ihre Durch=
laucht einen Vertrag zwischen Hannover und Braunschweig
über Auslieferung der Verbrecher an. Es ist dem scharf=
sinnigen Autor entgangen, daß, wenn dieser Fall eintreten
soll, ein Verbrechen und vor allem ein Verbrecher vorhanden
seyn muß; nun aber besteht das vorgebliche Verbrechen bis
jetzt nur in erweislich falschen Beschuldigungen, deren Wahr=
heit der König nicht anerkennen könnte, ohne Sich selbst als
Mitschuldigen zu bekennen, und ohne einen höchstverdienten
Diener für strafbar zu erklären, der ganz nach Seinen
Befehlen gehandelt und Seinen ungetheilten Beifall ver=
dient und erworben hat.

Die drei ersten Klagpuncte geben einen auffallenden
Beweis von der Ungeschicktheit der bei Abfassung der Schrift
gebrauchten Personen.

Sollte man es für möglich halten, daß jemand so uner=
fahren in den Grundsätzen des Staatsrechts und des Deut=
schen Bundes sey, um sich einzubilden, der Bundestag könne
sich ein Urtheil über die Europäischen Verträge anmaaßen,

6 *

... ... die Europäische Staatskunst beruht, oder über ... ... zwischen Preußen und Hannover, die eine noth... ... Folge der Bestimmungen des Wiener Congreß ... :

... ... Lagunen berührt die Uebereinkunft ... Preußen ... der Elsenbahnen, welche dem Herzog-thum Braunschweig zum Nachtheil gereiche.

... ... die Verpflichtung, Preußen die zu einer freien ... ... mit Seiner Rheinischen Landen erforderlichen ... ... einzuräumen, weil jene durch das Königreich Hannover und das Herzogthum Braunschweig von dem übrigen Staat ... ... Der 11te Artikel der Wiener Congreß-... enthält darüber ausdrückliche Bestimmungen; ... ... Heerstraße führt von Halberstadt nach ...; aber dies beschweren Sich Seine Durchlaucht ... den ..., es sei dabei keine Erwähnung Ihres Landes ..., und wenn es die Absicht der Mächte ge... wäre, Ihr Gebiet zu ..., so hätten Sie Ihre Re-gierung darum erst fragen müssen.

Der Congreß-Acte verdankt der Staat Seiner Durchl. seine Erhaltung; alle großen Europäischen Mächte haben sie unterzeichnet, und der Vater des Herzogs ist ihr beigetreten. Die No. I. bezeichnete Heerstraße führt durch das Braun-schweigische Land. Wollte der Herzog, daß die Preußischen Truppen, um es zu vermeiden, einen großen Umweg machten, so hätten Sie damals sprechen müssen? Aber der verstorbene Herzog war zu weise, um einen so unzeitigen und so offen-bar erfolglosen Schritt zu thun.

Diese vorläufige Uebereinkunft, worin die Braunschweigischen Unterthanen wie die unsrigen behandelt sind, ist durch
die spätern Verträge nur bestätigt; auch hat die Braunschweigische Regierung mit Herrn von Ompteda, welcher die
in Frage stehenden Anordnungen zu Berlin unterhandelte,
in Verbindung gestanden.

Behaupten etwa Seine Durchlaucht, Preußen hätte auf
Ihre Volljährigkeit warten müssen um die dringenden Anordnungen zu treffen? Seine Durchlaucht besitzen eine solche
Leichtigkeit im Vernichten dessen, was Ihr erhabener Vormund gethan hat, daß wir Sie vielleicht nächstens den
Preußischen Truppen Ihre Thore verschließen sehen werden.

Was soll man zu dem Vorwurf sagen, der König habe
des Königs von Preußen Majestät Seine guten Dienste bei
dem Herzog von Braunschweig für einen Gebiets-Austausch
zugesagt, der vorzüglich kleine abgesonderte Stücke betraf.
Solche Aussonderungen wurden auf dem Congreß in großer
Zahl zum Vortheil beider Theile getroffen, die dadurch
Verwickelungen auswichen, welchen man mit solchen Insel-
chen in einem benachbarten großen Reiche nothwendig ausgesetzt ist. Es war nur ein Beweis von Freundschaft, daß
man Preußischer Seits Hannover die Verlegenheit einer
Unterhandlung ersparen wollte, indem man sie bis zur Volljährigkeit des Herzogs aufschob. Außerdem berechtigt ein
Vorschlag zu einem gegenseitigen und freiwilligen Austausch
nur dann zur Klage, wenn ein nothwendiger Verlust davon
unzertrennlich ist. Und seit wann hat man das Anerbieten
guter Dienste als eine Beleidigung angesehen?

Die zweite Klage besagt, daß der Vortheil des Herzogs bei den Pariser Unterhandlungen 1815 vernachläſſigt, und der Braunschweig zugewieſene Antheil an der Franzöſiſchen Kriegszahlung außer Verhältniß zu ſeinen Aufopferungen für die gemeine Sache geweſen ſey! Gewiß der Bundestag würde in keine geringe Verlegenheit gerathen, wenn er den Herzog von Braunschweig befriedigen und darüber urtheilen ſollte, ob der König von Hannover für den Herzog eine größere Summe hätte erhalten, oder die Europäiſchen Mächte ſie bewilligen ſollen! Hätte ſich übrigens der Schreiber dieſer Blätter die Mühe gegeben der Sache auf den Grund zu gehen, ſo würde er gefunden haben, daß man bei Abſchluß des neuen Wiener Bündniſſes, nach Bonaparte's Rückkehr, die Zahl der Truppen feſtſetzte, womit jeder dem Bunde beitretende Fürſt zugelaſſen werden ſollte, und das Erbieten des verſtorbenen Herzogs von Braunschweig, mit ſeiner ganzen verſammelten Macht beizutreten, vom Congreß abgelehnt und nur 3000 Mann angenommen wurden. Es wäre eben ſo leicht als unnütz zu zeigen, daß Braunschweig, weit davon entfernt, übervortheilt zu ſeyn, viele Vortheile genoſſen hat, die andern Fürſten verſagt wurden.

Der dritte Klagpunct betrifft die vorgebliche widerrechtliche Verlängerung der Vormundſchaft; er iſt bereits widerlegt. Nur lieſ't man hier noch die lächerliche Behauptung, daß dieſe Verlängerung eine Fortdauer der Ausgaben für die Stellvertretung der Perſon des Fürſten zur Folge gehabt. Uns iſt von dieſen Ausgaben nichts bekannt, — es gab gar keine ſolche Ausgaben! Und ſollten Seine Durchlaucht irgend etwas dahin rechnen wollen, ſo iſt deſſen Betrag ſeit Ihrem Regierungsantritt gewiß wenigſtens verdoppelt worden.

Die grundlosen Klagen über die Braunschweigischen
Landstände sind ebenfalls schon widerlegt.

Die Geschichte des Braunschweigischen Theaters, die
zu einer firen Idee geworden zu seyn scheint und, gleich dem
Ritornell, in diesem Klagliede immer wiederkehrt, giebt uns
eine Gelegenheit zu zeigen, wie richtig unsere oben dargelegte
Ansicht davon war. Wir erhalten gerade jetzt vom Herrn
von Schmidt=Phiseldeck die Antwort auf unsere deshalb an
ihn gerichteten Fragen und geben sie im Anhange № XI.

Wir hören, daß dieser Gegenstand bereits in einem
öffentlichen Blatte, in № 73. des »Mitternachts Blattes»
vom 7ten Mai, 1827 vorgekommen ist. Man sieht dort einen
neuen Publicisten auftreten und seine erste Lanze brechen.
Denn in Ermangelung einer andern öffentlichen Person wirft
sich darin der Braunschweigische Theater=Director zum Ver=
theidiger für den Satz Seiner Durchlaucht auf, »daß Sie
»mit dem 18ten Jahre die Regierung hätten übernehmen
»müssen.» Seine Durchlaucht haben nicht gesäumt, sich
dieses Vortheils zu versichern, Sie haben in Ihrer Schmäh=
schrift*) diesen Schriftsteller unter Ihre Fahne genommen! —
Man braucht dabei nur zu sagen, daß sich der Eigenthümer
jener Zeitung, Herr Rath Müllner, gegen diesen Mißbrauch
seines Blattes, den sich der Herausgeber zu Braunschweig
erlaubte, kräftig verwahrt hat.

Der vierte Klagpunct betrifft die innere Verwaltung; er
wird durch den Geheimen=Raths=Bericht in der Anlage № VI.
widerlegt. — Es ist übrigens nicht wahr, daß der Gehalt

*) Siehe Anlage, Seite 27.

des Herrn von Schmidt-Phiseldeck verdoppelt sey; aber man macht sich kein Gewissen daraus dergleichen Behauptungen vorzubringen. — In der Pensions-Geschichte des Herrn von Linsingen, die man hier nochmals lesen muß, wird denn auch nochmals versichert, daß er nur anderthalb Jahre im Dienste geblieben sey.

Wir wenden uns zuletzt zu einer Beschwerde, die sich der ersten Hauptklage angehängt findet, und wobei der Schreiber selbst gefühlt hat, wie ungeschickt es seyn würde, sie bei der Deutschen Bundes-Versammlung anzubringen; er belehrt uns zu Anfang seines Werks (S. 6.) daß das Königreich Hannover auf dem Wiener Congreß an Umfang verdoppelt sey, und daß man nicht unglücklicher unterhandeln könne, als dort der Braunschweigische Abgesandte gethan habe.

Die Abrundung, welche das Königreich Hannover erhielt, war in den Bundes-Verträgen, welche den Feldzügen von 1813 und 1814, und dem Wiener Congreß vorhergingen, ausbedungen; und wenn der Herzog behauptet, das Königreich Hannover sey durch einen Zuwachs von 250 — 300,000 Seelen verdoppelt, so giebt er nur einen Beweis mehr, wie sehr man sich auf seine Angaben verlassen darf.

Aber es ist peinlich zu sehen, wie der Herzog Seiner Majestät einen Vorwurf daraus macht, daß er Seine Staaten ohne Vergrößerung zurückerhalten habe. Seine Durchlaucht verdanken dem Könige mehr als Sie eingestehen möchten.

Als die großen Mächte an die Wiedereroberung von Nord-Deutschland dachten, hatten sie Anfangs nicht die Absicht, die kleinen im Strom der Revolution untergegangenen

Fürsten wiederherzustellen; denn es war ihnen im lebhaften
Andenken, wie sehr die Zerstückelung Deutschlands in so
viele kleine Länder das Deutsche Reich geschwächt und zu
seinem Sturze beigetragen hatte.

Seitdem der Freiherr von Gagern durch sein Werk »Mein
»Antheil an der Politik« die Geschichte unserer Zeit mit der
Kenntniß verschiedener bis dahin geheim gebliebener Staats-
Verhandlungen bereichert hat, darf man ohne Indiscretion
von dem Geheimen Artikel des Vertrags von Kalisch sprechen,
wonach der Preußische Staat aus dem Norden von Deutsch-
land, mit einziger Ausnahme der alten Besitzungen des Hau-
ses Hannover, wiederhergestellt werden sollte.*) Als des
Königs Majestät dem Vertrage beitraten, verlangten und
erhielten Sie die nöthige Gewähr für die Besitzungen des
Herzoglichen Hauses Braunschweig. In dem von dem Herzog selbst angeführten Artikel des Vertrags zwischen Groß-
Britannien und Preußen vom 14ten Junius 1813 wird
Preußen verpflichtet dahin, mitzuwirken, daß das Herzogliche
Haus wieder zum Besitz seiner Erblande gelange.

Konnte man jemals glauben, der Herzog würde Sich eine

---

*) Gagern l. c. Part II. p. 31. Pour cet effet S. M.
l'Empereur de toutes les Russies promet de la manière
la plus solennelle, d'appliquer aux équivalens, que les
circonstances pourroient exiger pour l'intérêt même des
deux états et à l'aggrandissement de la Prusse, toutes
les acquisitions, qui pourroient être faites par ses armes
et les négociations dans la partie septentrionale de
l'Allemagne, à l'exception des anciennes possessions
de la maison d'Hanovre.

Klage darüber erlauben, daß er nicht noch außerdem eine Gebiets-Vergrößerung erhalten habe?

Die für Hannover ausbedungenen Vortheile, welche den Neid des Herzogs erregen, beruhten auf Gründen, die bekannt sind und hier nicht aus einandergesetzt zu werden brauchen. Wer nur die geringste Kenntniß von den Wiener Verhandlungen hat, weiß es, daß man dort zuerst gar nicht daran dachte, allen nicht mediatisirten Deutschen Fürsten eine volle Souverainität zu geben. Sie haben sie zuletzt erhalten, und werden nicht leugnen wollen, daß sie ihren Erfolg zum Theil den Anstrengungen Seiner Majestät des Königs von Groß-Britannien und Hannover verdanken.

Der Gebrauch, den Seine Durchlaucht, der Herzog von Braunschweig von dieser Unabhängigkeit macht, ist sehr geeignet, Zweifel darüber zu erregen, ob der König in einem gleichen Falle wie 1814, noch ferner geneigt seyn könne, nach den Grundsätzen zu handeln, die Seine Majestät damals für gerecht hielten.

Gewiß, die Deutschen Fürsten werden es Seiner Durchlaucht nicht Dank wissen, diesen Zweifel hervorgerufen zu haben!

Wir bemerkten oben, daß der Kaiserliche Präsidial-Gesandte die förmliche Ueberreichung der in Frage stehenden Schrift an den Bundestag, wie sie der Herzog seinem Gesandten befohlen, zu verhüten gewußt habe. Der Wiener Hof hatte es über sich genommen, den Herzog zu Schritten zu bewegen, welche den gerechten Unwillen des Königs besänftigen könnten, und ist bei der Nachricht von dieser neuen Verwickelung ohne Zweifel nicht wenig betroffen gewesen; er hat den Herzog bewogen, die Uebergabe seiner Schrift zu verschieben.

Seine Durchlaucht haben dadurch ein Aergerniß mehr vermieden. Uebrigens konnte es dem Könige gleichgültig scheinen, ob der Herzog seine Klage, die doch schon allenthalben verbreitet war, an die Bundesversammlung brachte oder nicht. Es ist Seiner Majestät lieb, daß sich der Herzog die Demüthigung erspart, welche ein solcher Schritt zur Folge gehabt haben dürfte, die, sich Seine Schmähschrift, mit der ausdrücklich bezeugten Mißbilligung des Bundestags, zurückgeben zu sehen.

Anhang.

Anhang.

Anlage, № I.

Verordnungs-Sammlung,

№ 5.

Braunschweig, den 18ten Mai, 1827.

.) Serenissimi Patent, die Rechts-Verbindlichkeit der von der für die hiesigen Lande bestandenen Vormundschaftlichen Regierung erlassenen Verordnungen und gemachten Institutionen betreffend.

ir Carl, von Gottes Gnaden souverainer Herzog zu Braunschweig und Lüneburg, ꝛc.

Thun hiemit kund und zu wissen:

Demnach Wir bei Erlassung unsers Patents vom 30sten ctober 1823 die Frage unberührt gelassen, in wie fern die

Anordnungen, Vorschriften und Institutionen der für Unsere
Lande bestandenen vormundschaftlichen Gewalt, als rechts-
verbindlich für Uns und Unsere getreue Unterthanen von
Uns anerkannt würden; gegenwärtig aber erhebliche Gründe
vorhanden sind, diesen wichtigen Gegenstand zu ordnen, und
es benn aber so wenig bezweifelt werden mag, daß die während Unserer Minderjährigkeit gefaßten Regierungsbeschlüsse
und erlassenen Verordnungen nur in so fern für Uns eine
rechtliche Verbindlichkeit zu produciren vermögen, als nicht
dadurch über wohlerworbene Regenten- und Eigenthums-Rechte disponirt worden; als daß Wir
landesgrundgesetzlich und namentlich nach dem Successions-
Vertrage der Herzöge Heinrich und Wilhelm von Braunschweig vom Jahre 1535, mit Unserm 18ten Lebensjahre
Regierungsmündig geworden und kraft jenes Vertrags die
Regierung Unserer Erblande überkommen, wodurch denn
von selbst sich ergiebt, daß alle Verordnungen und Institutionen, welche in dem Zeitraume vom 30sten October 1822
bis dahin 1823 gemacht und von der ungesetzmäßig verlängerten Regierung erlassen worden, zu ihrer bleibenden Rechtsgültigkeit und Anwendbarkeit Unserer speciellen Anerkennung
bedürfen: so machen Wir in dieser Maaße Unsern landesherrlichen und landesväterlichen Willen Unsern getreuen Unterthanen hiemit kund, und wenn Wir gleich befohlen haben
und befehlen, daß alle und jede Verordnungen und Bestimmungen der für die hiesigen Lande bestandenen Vormundschaftlichen Regierung ohne Rücksicht auf die Zeit-
Periode, in welche ihre Erlassung fällt, provisorisch ferner
weit in den hiezu geeigneten Fällen in Anwendung gebracht
werden: so behalten Wir es Uns doch ausdrücklich hiemit vor,
nach sorgfältiger Prüfung und mit besonderer Berücksichtigung desjenigen, was das Wohl Unserer getreuen Unterthe-

nen erheischen dürfte, über die Anwendbarkeit und Rechts=
zültigkeit der von der bestandenen Vormundschaftlichen Re=
zierung erlassenen Verordnungen und gemachten Institu=
tionen die desfalls erforderlichen gesetzlichen Bestimmungen
zu treffen.

Urkundlich Unserer eigenhändigen Unterschrift und bei=
gedruckten Herzoglichen Geheimen = Canzlei = Siegels.
Braunschweig, den 10ten Mai, 1827.

Carl H.

v. Schleinitz.

Bekanntmachung.

Seine Durchlaucht der regierende Herr Herzog von Braunschweig hat es, unter dem Schutze, den die Bundes-Acte allen Deutschen Fürsten gewähret, für angemessen gehalten, in einer von Ihnen Selbst vollzogenen Bekanntmachung vom 10. Mai d. J. sich über die Verbindlichkeit der während der Vormundschaftlichen Regierung Ihro Königlichen Majestät erlassenen Anordnungen und Vorschriften auf eine Weise zu äußern, welche Ihro Majestät mit gerechtem Unwillen erfüllet — ein Gefühl, welches alle Höfe theilen werden, denen das wahre Sach-Verhältniß bekannt ist.

In jener Bekanntmachung ist die Rede von Beschlüssen und Verordnungen, durch welche über wohl erworbene Regierungs- und Eigenthums-Rechte disponiret seyn könnte; — ja, das letzte vormundschaftliche Regierungs-Jahr des Königs wird für ungesetzmäßig erklärt, wonach sich von selbst ergeben soll, daß alle Verordnungen und Institutionen, welche in dem Zeitraume vom 30. October 1822 bis dahin 1823 erlassen worden, zu ihrer Rechtsgültigkeit des Herzogs specielle Anerkennung bedürfen würden!

Ihro Majeſtät haben, in Anſehung der Dauer der Vor=
mndſchaft, ſich nach der ſorgfältig erwogenen Anſicht der
ten Herzoglich=Braunſchweigiſchen Staatsdiener und be=
ihrter Rechts=Lehrer gerichtet, und ganz in Uebereinſtim=
ing mit den von Allerhöchſtdenenſelben freundſchaftlich zu
athe gezogenen Höfen von Oeſterreich und Preußen ge=
ndelt.

Ihro Vormundſchaftliche Regierung iſt von den Braun=
weigiſchen Behörden und Unterthanen mit rührendem
anke erkannt worden.

Ihro Majeſtät behalten Sich wegen der obigen Bekannt=
achung die Schritte zu thun vor, die Ihro Würde erfordert.

Nach der von allerhöchſtdenenſelben erhaltenen ausdrück=
hen Anweiſung wird das Vorſtehende hiemit öffentlich be=
nnt gemacht.

Königliche Großbritanniſch=Hannoverſche zum Ca=
binets=Miniſterio verordnete General=Gouverneur
und Geheime=Räthe.

v. Bremer.

Hannover, den 7. Junius 1827.

THE DUKE OF BRUNSWICK.

Hannover, June 9.

The following notice has been published by the Cabinet Ministers: —

His Serene Highness the reigning Duke of Brunswick, under the protection which the Act of Confederation gives to all the German Princes, thought fit, in a proclamation signed by himself, dated May 6, 1827, to express himself, with respect to the validity of the ordinances and decrees issued during the Government of his Majesty, as guardian, in a manner which fills his Majesty with just displeasure, a feeling which will be common to all those Courts that are acquainted with the real state of the case. The proclamation speaks of resolutions and ordinances by which well acquired rights of sovereignty or property might be affected; nay, the last year of his Majesty's Government is declared to be illegal, whence it is inferred that all ordinances and decrees issued in the interval, from October 30, 1822, to October 30, 1823, would require to make them valid the special approbation of the Duke.

With respect to this duration of his guardianship, his Majesty was guided by the deliberate advice of the first Officers of State, and experienced officers of Brunswick, and acted in perfect unison with the Courts of Austria and Prussia, whose friendly advices his Majesty requested on this subject.

The beneficent effects of his Majesty's guardianship, have been acknowledged with the most cordial gratitude by the authorities and subjects. His Majesty reserves to himself to take such steps, with regard to the above proclamation, as his dignity demands.

The above is hereby made public, according to the express directions received from his Majesty.

Anlage, № III.

———

Darstellung der Verhältnisse des von Braunschweig
entwichenen Geheimen=Raths von Schmidt=
Phiseldeck in der für die Herzoglich=Braun=
schweigischen Lande bestandenen Vormundschaftli=
chen Regierung und dem Stellvertreter derselben,
Grafen von Münster, so wie im Gegensatze zu
dem Herzoglich=Braunschweigischen Hause und der
Person Seiner Durchlaucht des jetzt regierenden
Herrn Herzogs.

Ueber den von Braunschweig nach Hannover entwichenen
Geheimen=Rath von Schmidt=Phiseldeck, über die Persön=
lichkeit dieses Staats=Beamten, dessen Standpunct zu der
für das Herzogthum Braunschweig bestandenen Vormund=
schaftlichen Regierung, so wie zu dem Stellvertreter derselben,
Grafen von Münster, und im Gegensatz zu dem Herzoglich=
Braunschweigischen Hause und zu der Person des regierenden
Herrn Herzogs Durchlaucht, ist seit kurzem so viel ge=
sprochen, es sind so viele verschiedene Meinungen aufgestellt,
und zum Theil wenigstens so schiefe Urtheile gefällt worden,
daß es wohl der Mühe lohnt, um das Wahre von dem Fal=

chen zu unterscheiden, und zu einem richtigen Resultate zu
gelangen, leidenschaftlos und unpartheiisch, auf Grundlage
einiger erhaltenen officiellen Mittheilungen, diese Verhältnisse
zu recherchiren und näher zu beleuchten.

Für diesen Zweck ist es erforderlich, eine frühere Zeit nicht
unberücksichtigt zu lassen, und ins besondere die Bildungs=
Periode Sr. Herzoglichen Durchlaucht und dasjenige, was
während Höchstdessen Minderjährigkeit geschehen, mit den
spätern, hier zu beurtheilenden Thatsachen in Verbindung
zu stellen.

Der glorreiche Tod des Durchl. Herzogs Friedrich
Wilhelm in der Schlacht von Waterloo, führte die Noth=
wendigkeit herbei, für Seine Durchlaucht, den jetzt regierenden
Herrn Herzog und Höchstdessen Land eine Vormundschaft zu
organisiren. Seine Majestät der König von England über=
nahm diese Curatel, theils als nächster Agnat des Hauses
Braunschweig, theils aber in Gemäßheit des testamentarisch
ausgesprochenen Wunsches Sr. Durchlaucht des Herzogs
Friedrich Wilhelm.

An der Spitze der Regierung stand zu Braunschweig in
jener Zeit, im Ausgange des Jahrs 1815, kein Mann von
Bedeutung. Der Geheime=Rath von Schmidt=Phiseldeck,
in der Schule des ephemeren Königreichs Westphalen zum
höhern Staatsdienste gebildet, war in dem damaligen Re=
gierungs=Collegio der umsichtigste. Er entwarf, und der Be=
weis hievon liegt in den spätern von ihm herbeigeführten
Verhältnissen, in präsumtiver Uebereinstimmung mit dem
Hannoverschen Grafen von Münster, dessen Bekanntschaft
er auf dem Wiener Congresse gemacht, als gerade auf Kosten

Braunschweigs für Hannover bedeutende Vortheile erworben wurden, und unter specieller Protection desselben, den umfassenden Plan, für sich eine feste und dauerhafte Herrschaft und Gewalt zu etabliren, wobei es ihm ganz gleichgültig erschien, wenn auch das Herzogthum Braunschweig zu Hannover eine solche Stellung erhielt, daß es für eine Provinz des letztern angesehen und als solche behandelt wurde.

Dieser fein angelegte Plan ließ sich nur realisiren, wenn der Geheime-Rath von Schmidt in dem Regierungs-Collegio Niemanden neben sich hatte, welcher ihn zu widersprechen wagte, und wenn die nothwendigen Communicationen zwischen der Braunschweigischen Landes-Regierung und der Vormundschaftlichen Regierung sich als Privat-Verhandlungen zwischen dem Geheimen-Rathe von Schmidt und dem Grafen von Münster gestalteten; ferner, wenn er die Ernennung eines Braunschweigischen Staats-Ministers veranlaßte, dessen Individualität sich darauf beschränkte, nöthigenfalls zu repräsentiren und als formeller Regierungs-Chef die Verantwortlichkeit zu übernehmen; und endlich, wenn Seiner Durchlaucht dem jetzt regierenden Herrn Herzoge, Erzieher beigeordnet wurden, deren Persönlichkeit dafür Bürgschaft leistete, daß Höchstderselbe in einem permanenten Zustande von Unwissenheit und Nichtigkeit erhalten würde, welcher den Herzog unfähig mache, je selbstständig denken und handeln zu können.

Der erste Punct erledigte sich dadurch, daß die älteren, zu dem Geheimen-Rath von Schmidt durchaus in einem subordinirten Verhältnisse stehenden Mitglieder des Geheimen-Raths-Collegii beibehalten wurden, und daß man die Anstellung eines Braunschweigischen Geschäftsträgers zu Lon-

n, durch die wohlberechnete, von dem Grafen von Münster
gebene Erklärung, daß solches unnöthig erscheine, und das
eld dafür dem Lande erspart werden könne, zu vereiteln
ußte; der zweite Punct durch die erfolgte Ernennung der
ormaligen Braunschweigischen Staats=Minister, und der
itte Punct scheinbar dadurch, daß Seiner Durchlaucht, dem
erzoge, ein gewesener Pagenlehrer, der Professor Eigner,
s Erzieher, dann aber der Hannoversche Cammerherr von
nsingen, ein Protégé des Grafen Münster, als Gouverneur
igeordnet wurde.

Die dem Durchlauchtigsten Herzoge und Höchstbessen
anbe gleich mißfällig gewordenen Handlungen des Gehei=
en=Raths von Schmidt, lassen sich füglich, wie dieses wohl
emerkt zu werden verdient, in drei Classen eintheilen, und
war:

1. In solche, welche während der Minderjährigkeit Seiner
   Durchlaucht des Herzogs, Höchstdemselben fühlbar und
   sichtbar geworden.

2. In solche, welche einer gleichen, ja einer noch frühern Zeit=
   Periode angehören, wovon inzwischen Seine Durchlaucht,
   der Herzog, erst nach Höchstbessen Regierungs=Antritte
   successive Kenntnisse erhalten.

3. In solche, welche während der eigenen Landes=Regierung
   Seiner Herzoglichen Durchlaucht ihre Existenz erhalten,
   und für welche also der regierende Herr Herzog als der voll=
   gültigste Zeuge zu betrachten.

Bei der Handlungsweise des Geheimen=Raths von
Schmidt ist vor Allem die physische und moralische Bildung

Seiner Herzoglichen Durchlaucht zu berückſichtigen, für
welchen Zweck der Geheime-Rath von Schmidt in Gemein-
ſchaft mit dem Grafen von Münſter als alleiniges handeln-
des Princip angegeben werden muß. Leider iſt es nur zu
bekannt geworden, wie rückſichtslos und unwürdig Seine
Durchlaucht von den Höchſtdemſelben beigegebenen Erziehern
Eigner und von Linſingen, behandelt, wie alles mögliche
geſchehen, ſich mit den Grundſätzen, welche für die wiſſen-
ſchaftliche und moraliſche Bildung eines künftigen Landes-
Herrn Platz greifen ſollen, in Widerſpruch zu ſetzen. Seine
Durchlaucht der Herzog haben es tauſendmal fühlen müſſen,
daß Höchſt Sie inſtructionsmäßig von den gedachten Herren
haben eingeſchüchtert werden ſollen, um jeden Willen, jede
Lebenskraft zu vernichten, und zu veranlaſſen, daß der Herzog
für die Dauer ſeines Lebens wie ein willenloſer Gefangner,
ja wie eine Maſchine behandelt werden könne. Es iſt eben ſo
unglaublich als wahr, daß Seine Herzogliche Durchlaucht bis
zu Höchſtdeſſen 18ten Jahre, ohne Erlaubniß und Begleitung
der Höchſtdemſelben durch die Vermittelung des Geheimen-
Raths von Schmidt zugeordneten Peiniger, kaum zwei
Schritte von einem Zimmer in das andere, oder in den Garten
gehen, daß Höchſtderſelbe ohne ihre Zuſtimmung nicht eſſen,
leſen, oder ſich auf eine andere Weiſe beſchäftigen durften, daß
unverdiente Schmähungen und Vorwürfe in der Morgenfrühe
begonnen, und ſich erſt mit dem ſpäten Abend geendigt, ohne
daß man dem Herzoge auch nur einen Augenblick der
Ruhe und Erholung gegönnet hätte.

Bei der ſpätern Anweſenheit Seiner Durchlaucht in
Hannover, erſchien bei Höchſtdemſelben, auf Veranlaſſung
des Geheimen-Raths von Schmidt und Grafen von Münſter, der damalige Herzoglich Braunſchweigiſche Staats-

Minister, Graf von Alvensleben, und machte dem Herzoge bekannt, daß Höchstdessen Königlicher Vormund gesonnen sey, die Vormundschaft, welche eigentlich mit dem von Seiner Durchlaucht beschrittenen 18ten Jahre sich endige, noch einige Jahre hindurch fortzusetzen.

Man kann hier billig wohl fragen: wenn die rechtliche Befugniß Seiner Majestät des Königs von England feststand, für die Vormundschaftliche Prolongation einen solchen Beschluß zu fassen, wozu war eine desfallsige Eröffnung für Seine Herzogliche Durchlaucht erforderlich? Dem Herzoge war freilich von Jugend auf gesagt worden, Höchstderselbe werde nach den Grundgesetzen des Landes mit vollendetem 18ten Jahre volljährig und regierungsmündig. Mit welchem Rechte konnte hierin eine eben so plötzliche als unerwartete Veränderung eintreten? Die Antwort hierauf ist leicht: Gewiß nur mit dem Rechte des Stärkeren. Seine Durchlaucht haben dieses sehr einleuchtende Argument nur zu wohl gefühlt und um deswillen Sich darauf beschränkt, statt dem Grafen von Alvensleben irgend etwas darauf zu erwiedern, mit den Achseln zu zucken. Wenn man dieses für eine Einwilligung angesehen oder dafür ansehen zu können geglaubt, so würden Seine Durchlaucht dagegen feierlichst protestiren können und müssen, theils, weil es nicht so gemeint war und seyn konnte, die Unmöglichkeit vorwaltete, dem Rechte des Stärkern einen entschiedenen Willen entgegen zu setzen, theils aber, weil Seine Durchlaucht durch gütige Vorsorge in einer kindlichen Unerfahrenheit conservirt waren, so, daß unter allen Umständen die Unterlassung einer Protestation gegen die ergriffene Maßregel und die daraus gezogene Folgerung dem Durchlauchtigsten Herzoge nie würde nachtheilig werden können. So unangenehm es Seiner Durchlaucht dem Herzoge war und seyn mußte, ohne irgend einen Höchstdemselben einleuchtenden Grund, seine Minderjährig= keit verlängert zu sehen, so hielt der Herzog es dennoch für möglich, daß sich der Beschluß der Vormundschaftlichen Re= gierung rechtfertigen lasse, weil man sich für die beschlossene Maßregel ganz vorzüglich auf den letzten Willen Seiner Durch= laucht des verewigten Herzogs Friedrich Wilhelm berief. Um in dieser Rücksicht sich eine vollständige Ueberzeugung zu verschaffen, schrieben Seine Durchlaucht, der Herzog, von Lausanne aus, an den Staats=Minister Grafen Alvens= leben, mit dem Antrage, Höchstdemselben eine verificirte Abschrift des väterlichen Testaments (welches man bis dahin dem Herzoge unbegreiflicher Weise vorenthalten) zu über= senden. Höchstderselbe erhielt einen Extract aus dem Testa= mente des hochseligen Herzogs Friedrich Wilhelm einge= sandt, in welchem von allen möglichen Dingen die Rede war, nur nicht von dem Puncte, welcher für den Moment Seine Durchlaucht allein interessiren konnte. Man darf nicht ohne Grund voraussetzen, daß hierbei die Absicht vorgewaltet, dem Durchlauchtigen Herzoge gerade dasjenige zu verhehlen, was Höchstdemselben in so manchem Bezuge wichtig erschien. Dringende Aufforderungen von Seiten des Durchlauchtigen Herrn veranlaßten endlich, daß ein für Seine Durchlaucht brauchbarer Testaments=Extract eingesandt wurde, aus welchem der Herzog die Ueberzeugung erhielt, daß der ver= ewigte Herzog Friedrich Wilhelm Durchlaucht die vollendete Erziehung des künftigen Landes=Regenten auf die Zeitperiode vom 16ten bis zum 20sten Jahre beschränkt und bestimmt hatte.

Seine Durchlaucht der Herzog hätte sich im Gefühle ···n Lebenskraft, welche allerangewandten Mühe ungeachtet,

nicht unterdrückt worden war, wohl in Uebereinstimmung mit
dem väterlichen Testamente, nach vollendetem 16ten Jahre
für majorenn und regierungsmündig halten dürfen; dennoch
führte Seine Durchlaucht eine besonnene Selbstprüfung zu
der Ueberzeugung: das Höchstderselbe das 18te Jahr, als
die Mitte der im väterlichen Testamente für diesen Zweck vor-
geschriebenen Periode, für den Zeitpunct der eingetretenen
Mündigkeit ansehen müsse, um so mehr, als diese Annahme
mit demjenigen quadrirte, was man dem Herzoge über diesen
Gegenstand von den Braunschweigischen Landes-Grundge-
setzen gesagt hatte. Diesem ungeachtet ging Seine Durchlaucht dem Befehle des Königlichen Vormundes zufolge nach
Wien. Ein eben so umsichtiger als wichtiger Staatsmann
wird das Zeugniß nicht versagen können, daß der Herzog
gemäßigt sprach und handelte, und den wohlwollend Höchst-
Ihm gegebenen Rathschlägen die ungetheilte Aufmerksamkeit schenkte. Für die letztere Behauptung möchte wohl der
Beweis darin liegen, daß seine Durchlaucht aus Liebe zum
Frieden, bestimmt durch den Wunsch, ärgerliche Auftritte und
Lärm zu vermeiden, und aus hoher Achtung gegen den em-
pfangenen Rath, in einem Zustande der Sich Selbst auferlegten Resignation verblieb, während der Herzog nach erhaltener
rechtlicher Ueberzeugung, daß Höchstderselbe, Kraft eines
Braunschweigischen Landesgesetzes, mit vollendetem 18ten
Jahre volljährig und regierungsmündig geworden, Selbsthan-
delnd hätte auftreten können, um entweder ohne Rücksicht
auf die Befehle Seines Königlichen Vormundes gegen Höchstdenselben bei dem Bundestage klagend aufzutreten und von
dem Könige, als dem ungesetzmäßigen Retentor Seiner
Staaten, die Zurückgabe derselben zu verlangen, oder aber
durch eigene Autorität bestimmt, nach Braunschweig zu
gehen, und die Huldigung Höchstseiner Unterthanen zu ver-

langen und anzunehmen. Durch die Intercession und Um-
ficht des erfahrenen Staatsmannes unserer Zeit, gelang es dem
Durchlauchtigsten Herzoge, sein Recht zu erhalten, welches
Höchstdemselben ohne diese kräftige Hülfe noch lange Jahre
vorenthalten seyn würde. Die Freude Seiner Durchlaucht
nach jahrelangen Leiden und namenlosen Kränkungen,
selbständig geworden und dem Zustande der Nichtigkeit und
Erschlaffung entrissen zu seyn, erzeugte bei dem Durchlauchtigsten Herzoge den festen Entschluß, in den ersten Jahren
Seiner Regierung durchaus ruhig zu seyn, nicht das Min-
beste zu thun, was der bestandenen Vormundschaftlichen
Regierung unangenehm seyn könnte, um auf diese Weise
der Welt einen vollgültigen Beweis der Selbstbeherrschung
und Mäßigung zu geben, und zugleich durch diese Handlungsweise an den Tag zu legen, daß Höchst Sie nicht zu jung
oder zu früh regierungsmündig geworden.

Vor der Beleuchtung derjenigen Handlungen des
Geheimen-Raths von Schmidt-Phiseldeck, welche der zweiten oben erwähnten Classe angehören, erscheint es nicht un-
zweckmäßig, die Lage der Dinge ins Auge zu fassen, wie
solche der Durchlauchtigste Herzog bei Höchstdessen Regierungs-Antritt vorgefunden, und wird ein Ueberblick derselben
zu gleicher Zeit den Beweis liefern, welche Opfer der Durchlauchtigste Herzog gebracht, um den gefaßten Vorsatz einer
dreijährigen Mäßigung und der damit in Verbindung stehenden Inactivität zu erfüllen.

Als Seine Durchlaucht im October des Jahrs 1823
zu Braunschweig eintraf, fand Höchstderselbe, statt den
Herzog von Cambridge, den Grafen von Münster oder irgend
einen andern Commissair des Königs von England vorzu-

finden, welcher dem Herzoge, Namens des Durchlauchtigsten Vormundes, die Landes=Regierung übergeben, und welcher irgend etwas gesagt oder gethan, was zu einer Vormundschaftlichen Rechnungs=Ablage, imgleichen zu einer Nachweisung über die geführte Landes=Administration gehören konnte, außer dem abgehenden Staats=Minister, Grafen von Alvensleben, Niemand als den Geheimen=Rath von Schmidt, der es nicht einmal für gut fand und der Mühe werth hielt, als bisheriger Administrator des Herzoglichen Privat=Vermögens Seiner Durchlaucht Rechnung abzulegen. Von einer Justification, rücksichtlich der Statt gefundenen Landes=Verwaltung, war natürlich gar nicht die Rede, und durch diese auffallenden Unterlassungs=Fehler erhielten Seine Durchlaucht, der Herzog, die noch vollständigere Ueberzeugung, daß man auf Höchstdessen Schwäche, Kindlichkeit, Nullität, u. f. w, welche eben so systematisch als gründlich vorbereitet war, gerechnet habe und noch immer rechne.

In dieser gefälligen Meinung von dem Durchlauchtigsten Herzoge, ward Höchstdessen Regierungs=Collegium, oder vielmehr das einzige Organ desselben, der Geheime=Rath von Schmidt, dadurch bestärkt, daß Seine Durchlaucht, als Folge der Sich auferlegten Verpflichtung, Sich ruhig verhielt, weder etwas fragte noch sagte, vielmehr, scheinbar, um den Gang der Geschäfte Sich gar nicht bekümmerte, und jeden Höchstdemselben noch so nahe stehenden Officianten nach seiner Ansicht und seiner Willkühr handeln ließ. Die Mitglieder der Herzoglichen Landes=Regierung, den H. von Schmidt an der Spitze, haben sich jedoch gewaltig betrogen, wenn sie das wohlberechnete Nichtsthun Seiner Durchlaucht für Indifferenz gehalten, indem gerade diese für eine Zeitlang von dem Herzoge angenommene Art und Weise, Höchstdemselben die

beſte Gelegenheit verſchaffte, zu ſehen, zu hören und Sich ſo
viel als nur immer möglich in Landes= und andern Angelegen=
heiten zu inſtruiren, um' demnächſt mit Conſequenz und
Feſtigkeit auftreten zu können.

Die erſte Schwierigkeit, in welche den Durchlauchtig=
ſten Herzog der gefaßte Vorſatz einer dreijährigen Ruhe und
Mäßigung verwickelte, ward veranlaßt durch das Verlangen
des Geheimen=Raths von Schmidt, daß Seine Durchlaucht
die, während Höchſtdeſſen wirklicher und reſpective ſchein=
barer Regierungs=Unmündigkeit organiſirte Landſtändiſche
Verfaſſung anerkennen ſollte. Dem Durchlauchtigſten Herzoge,
der aus mehreren demnächſt anzuführenden Gründen, dieſe
Verfaſſung nicht anerkennen wollte noch konnte, blieb, um
conſequent zu handeln und Sich nicht in eine formelle Oppo=
ſition gegen ein von der Vormundſchaftlichen Regierung er=
ſchaffenes Inſtitut zu ſetzen, nichts weiter übrig als zu tem=
poriſiren, dem Antrage des Geheimen=Raths von Schmidt=
Phiſeldeck auszuweichen, und das nach alter Sitte dem Lan=
desherrn von der Landſchaft offerirte Geſchenk von 20,000
Rth. Gold weder anzunehmen noch auszuſchlagen.

Man würde den landesväterlichen Geſinnungen und der
Perſönlichkeit des Durchlauchtigſten Herzogs auf eine unge=
bührliche Weiſe zu nahe treten, wenn man porausſetzen
wollte, es ſey der Wille des Herzogs, aus übel verſtandener
Souverainität, Sich mit den Beſtimmungen der Wiener
Bundes=Acte, welche in den verſchiedenen Bundes=Staaten
Landſtändiſche Verfaſſungen eingeführt ſehen will, in Wider=
ſpruch zu ſetzen. Je weniger dieſes der Fall iſt, je noth=
wendiger erſcheint es, die Gründe aufzuſtellen, bei deren
Vorhandenſeyn Seine Durchlaucht unwiderruflich beſtimmt

ben, die Landständische Verfassung für das Herzogthum
unschweig, in der Form, wie solche von Seiner Majestät
Könige von England gegeben und genehmigt, nicht an-
kennen, und zwar:

1. Jedes Grundgesetz eines Landes, wenn solche eine früher
   bestandene Landes-Verfassung abändert, involvirt Veräuße-
   rungen von Eigenthums-Rechten des Landesherrn, und zu
   dieser Veräußerung ist keine Vormundschaftliche Regierung
   autorisirt, indem einer solchen nur Verwaltungs-Befugnisse
   zustehen. In die obige Cathegorie gehört die im Jahre
   1820 unter Autorität Seiner Majestät des Königs von
   England für das Herzogthum Braunschweig geschaffene
   erneuerte Landschafts-Ordnung. Der in Gefolge derselben
   herbeigeführte Landtags-Abschied hat im Jahre 1823 seine
   Existenz erhalten, also zu einer Zeit, in welcher der Durchlauchtigste Herzog, kraft der Landes-Grundgesetze, bereits
   volljährig war. Die von Seiner Durchlaucht verlangte
   Genehmigung dieser Institution würde, wenn sie ertheilt
   worden wäre, practisch wenigstens das Bekenntniß enthalten haben, das Höchstderselbe mit vollendetem 18ten Jahre
   längst noch nicht mündig geworden.

2. Mußte es Seiner Durchlaucht dem Herzoge höchst mißfällig seyn, daß die bestandene Vormundschaft, oder richti-
   ger, die für das Jahr vom October 1822 bis dahin 1823
   bestandene Regierungs-Gewalt, für die Ausfertigung des
   Landtags-Abschiedes nichts gethan hatte, bis dahin, daß es
   feststand, daß Seine Durchlaucht die Regierung Höchstdero
   Lande Selbst übernehmen würde. Das besfallsige offene
   Patent Seiner Majestät des Königs ist vom 6ten Juny
   des Jahrs 1823; der Landtags-Abschied datirt sich vom
   11ten July desselben Jahrs, und der Regierungs-Antritt
   Seiner Durchlaucht erfolgte im October. Dem Durchlauchtigsten Landesherrn sollten also, nach einem wohlbe-

rechnetem Systeme, durch jenen Landtags = Abschied die
Hände gebunden werden. Ganz abgesehen davon, daß die
Regierungs = Mündigkeit Seiner Durchlaucht mit dem 30sten
October 1822 kraft des Gesetzes eintrat, es also für alle
Anordnungen und Institutionen des Königlichen Vormun=
des, von diesem Zeitpuncte angerechnet bis zum Regierungs=
Antritte des Herzogs, zu deren Rechtsgültigkeit Höchstdessen
Genehmigung bedarf, so bringen sich unwillkührlich die
Fragen auf: Hätte man rechtlicher und billiger Weise der
Ausfertigung des Landtags = Abschiedes nicht bis zu dem
Regierungs = Antritte Seiner Herzoglichen Durchlaucht An=
stand geben können? Wäre es nicht wenigstens in der Ord=
nung gewesen, wenn man Höchstdessen Ratification vorbehalten
hätte? Mit welchem Rechte unterzeichnete der König und
der Graf von Münster jenes Landes = Gesetz? Doch wenn
man auch geneigt seyn könnte, hievon ganz zu abstrahiren,
so enthält der in Frage seyende Landtags = Abschied, noch
mehr aber die früher geschaffene, erneuerte Landschafts=
Ordnung, so viele den Landesherrn bindende und demselben
unter gewissen Voraussetzungen compromittirende Bestim=
mungen, daß durch eine unbedingte Agnition dieses
beabsichtigten Landes = Grundgesetzes, ein höchst nachtheiliger
Rechtsstand für den Durchlauchtigsten Landesherrn herbei=
geführt werden würde. Um nur ein einziges Beispiel aus=
zuheben, braucht hier nur gesagt zu werden, daß ein Re=
script des Landesherrn nicht verbindlich, und als erschlichen
angesehen werden soll, wenn die Contrasignatur des Mi=
nisters auf demselben fehlt.

Es darf nicht unbemerkt bleiben, daß Seine Durchlaucht
in Höchstdessen erstem Regierungs = Jahre von allen Seiten
mit Klagen und Beschwerden über den Geheimen=Rath von
Schmidt bestürmt wurde! Beschwerden, welche zum Theil
wenigstens nicht ungegründet erschienen. Eingedenk Ihres

hrerwähnten Vorsatzes, und um kein Mißtrauen zu nähren,
sen Seine Durchlaucht, der Herzog, Alles zurück, oder
ergaben dem Geheimen=Rathe von Schmidt und Höchst=
rem Geheimen=Raths=Collegio vertrauensvoll und offen die
gekommenen Beschwerde=Schriften. Es konnte indeß
ht fehlen, daß Seine Herzogliche Durchlaucht durch stille
eobachtung und Prüfung die Ueberzeugung erhielten, daß die
ormundschaftliche Regierung und das Herzogliche Geheime=
aths=Collegium, oder vielmehr das einzige Organ desselben,
r Geheime=Rath von Schmidt=Phiseldeck, willkührliche
andlungen vorgenommen, welche Seiner Herzoglichen
Durchlaucht im höchsten Grade mißfällig seyn mußten.

Es wird vollkommen genügen, nur einige dieser That=
chen hier aufzustellen:

Seine Durchlaucht fanden, daß man den Kammer=
rrn von Linsingen, der nichts mehr und nichts weniger ge=
an, als während seiner anderthalbjährigen Begleitung des
rzogs, Höchstdenselben auf das Fürchterlichste zu ärgern
nd zu quälen, mit 900 Rthl. pensionirt hatte, wiewohl der=
elbe bei seiner Anstellung ein Pensions=Versprechen überall
icht erhalten, auch seine Entlassung nicht erhielt, sondern es
für gut fand, seine Verabschiedung zu fordern. Wenn Herr
on Linsingen für seine systematischen Mißhandlungen pen=
sionirt werden sollte, so würden Seine Majestät der König
se Pensions=Verpflichtung am natürlichsten selbst haben
ernehmen können; mit dieser Verpflichtung aber Seine
rzogliche Durchlaucht zu belasten, dazu war gewiß kein
nreichender, noch weniger aber ein vernünftiger Grund vor=
anden. Einem Regierungs=Vormunde stehen gewiß viele

Rechte des Regenten zu, aber bei weitem nicht alle.
Vormund kann immerhin die Befugniß haben, Sachen von
Wichtigkeit, wenn das Zweckdienliche und Nothwendige derselben unverkennbar ist, zu ordnen, wohin auch die Pensionirung eines bejahrten und wohlverdienten Staatsdieners
gehören möchte, weil sich hier nicht ohne Grund behaupten
läßt, daß der Landes-Regent selbst nach gleichen Grundsätzen der Billigkeit und geleitet durch ein anerkanntes Herkommen, eben so gehandelt haben würde. Dagegen kann
man dem Regierungs-Vormunde keineswegs die Befugniß
zustehen, über Eigenthums-Rechte seines Pflegebefoh-
willkührlich zu disponiren, denn sonst würde man ihm zustehen müssen, Domainen zu veräußern, ja selbst Landes-Pro-
vinzen zu vertauschen. Es ist deshalb schwer zu begreifen,
Seine Majestät der König von England es Sich habe gestat-
ten können, einen jungen Mann, der nicht dem Herzogliche
Hause Braunschweig, sondern dem Hause Hannover, gedient
hat, für die ein Jahr hindurch meisterhaft gespielte Roll
eines Zuchtmeisters, zu pensioniren, nachdem dieser es sein
Convenienz gemäß gehalten, seinen Abschied zu fordern.
Bei Rechts-Grundsätzen kommt es bekanntlich nie auf
Summen an, und wenn Seine Majestät der König von
England, Sich befugt halten konnten, auf Kosten Braunschweigs, dem Herrn von Linsingen eine Pension von 900 Rthl.
auszuweisen, so konnte Höchstderselbe mit gleichem Rechte,
diese Pension zu 9000 Rthl. bestimmen. Dergleichen konnte
und durfte nur mit Vorbehalt Seiner Durchlaucht des
regierenden Herrn Herzogs geschehen, und wenn Höchstderselbe, dem Landes-Interesse gemäß, diese willkührlich
ausgeworfene Pension wiederum eingezogen, so involvirt dieser
Act nichts mehr und nichts weniger, als eine Zurücknahme

von Eigenthum, worüber ungesetzmäßiger Weise disponirt wurde.

Seine Durchlaucht fanden ferner, nach Höchst Ihrem Regierungs-Antritte, daß man es für gut gefunden, mit einer Comité von Kaufleuten über das Hoftheater in Braunschweig einen Contract abzuschließen, welcher Höchst-demselben die Disposition darüber vier Jahre über die Ma-jorennität und drei Jahre über den Regierungs-Antritt hin-aus, entzog. Jener Contract enthielt für den Theater-Verein eben so vortheilhafte, als für den Durchlauchtigsten Herzog drückende Bedingungen. Der Comité war zur un-entgeltlichen Benutzung contractlich überliefert und über-wiesen:

1. Das Theater-Gebäude,
2. Die Hof-Kapelle als Orchester,
3. Die Decorationen,
4. Die Garderobe,
5. Das Recht der theatralischen Darstellung, u. s. w.

Außerdem hatte sich die provisorische Regierung anhei-schig gemacht, dem Theatervereine einen baaren Zuschuß von jährlich 8000 Rthl., und für die von Seiner Herzoglichen Durchlaucht zu benutzende Theaterloge 500 Rthl. zu zahlen. Endlich war bestimmt worden, daß bei Endigung des Con-tracts, dem Vereine für die von demselben angeschaffte Pri-vat-Garderobe, Theater-Utensilien und andere größtentheils unbrauchbare Dinge, eine Abfindungs-Summe von circa 30,000 Rthl. von Seiner Durchlaucht gezahlt werden solle. Ganz abgesehen davon, daß schon früher zwischen der Vor-

mundschaftlichen Regierung und dem gedachten Theatervereine
ein ähnlicher Contract bestanden, wodurch ohne allen Zweck
und ohne den Nutzen und das Vergnügen zu berücksichtigen,
von Höchstdessen Vermögen eine bedeutende mehr als
100,000 Rthl. betragende Summe vergendet worden, so
hatte jener neue Contract, außer den Nachtheilen für Seine
Herzogliche Durchlaucht, in pecuniärer Hinsicht, die merk-
würdige Folge, daß Höchstdieselben auf das Vergnügen verzichten mußten, auf ihrem Schlosse ein Concert aufführen
zu lassen, wenn es der Theaterdirection einfiel, grade zu
derselben Zeit im Schauspielhause eine Oper zu geben, anderer Inconvenienzen, und des Umstandes nicht zu gedenken,
daß die Erlaubniß zu den theatralischen Darstellungen nur
von Seiner Durchlaucht, als dem Souverainen Landesherrn,
ausgehen konnte. Es ist wirklich zu verwundern, daß
jener Contract dem Durchlauchtigsten Herzoge noch die Befugniß überlassen, in Höchstdero eignes Haus hineingehen
zu dürfen. Für die doch nicht ganz unbedeutende Summe
von 30,000 Rthl. haben, zum größten Theile wenigstens,
ganz unbrauchbare Gegenstände acquirirt werden müssen, und
namentlich würde es, nach der Versicherung von Sachver-
ständigen, für das jetzige herzogliche Hoftheater bei weitem
vortheilhafter gewesen seyn, wenn jene Privatgarderobe des
Vereins überall nicht acquirirt worden wäre, weil die An-
schaffung von einer neuen Garderobe für jedes einzelne Stück
sich viel besser in der Darstellung gemacht und nicht so viel
gekostet haben würde. Die über die Theaterverhältnisse zu
Braunschweig sprechenden Acten, liefern den vollgültigen Beweis, daß der betreffende Seiner Herzoglichen Durchlaucht
so äußerst nachtheilige Contract am 2ten October 1823 noch
nicht abgeschlossen gewesen, während Seine Durchlaucht am

20sten desselben Monats die Landes=Regierung übernommen. Wenn man nicht annehmen will, daß dem Durchlauchtigsten Herzoge absichtlich und mit Gewalt die Hände haben gebunden und alle Dispositions=Befugnisse haben entzogen werden sollen, so ist kein vernünftiger Grund denkbar, weshalb man es sich gestattet, auf diese Weise gegen Seiner Durchlaucht und Höchstdero Interesse zu verfahren. Der Herr Geheime=Rath von Schmidt, welcher von dem Durchlauchtigsten Herzoge gesprächsweise darüber constituirt worden, wie man es sich habe erlauben können, wenige Tage vor Höchstdessen Regierungs=Antritt einen so nachtheiligen Contract abzuschließen, hat für gut gefunden, darauf zu erwiedern, daß die Befugniß hiezu allerdings vorhanden gewesen, mit dem lächerlichen Hinzufügen, daß für dergleichen Monita das ganze Geheime=Raths=Collegium eventuell verantwortlich sey. Bei diesem Verfahren und dieser Entschuldigung wird man unwillkührlich an Crispin erinnert, welcher, um armen Leuten Wohlthaten zu erzeigen, bei reichen Leuten sich über die Vorurtheile vom Eigenthume hinwegsetzte.

Der mehrerwähnte Theater=Contract und der gesetzliche Character desselben ist in einem kürzlich erschienenen Aufsatze, einer vielgelesenen Zeitschrift angehörig, geprüft worden. In demselben ist der rechtliche Beweis geliefert, daß Seine Herzogliche Durchlaucht landesgesetzlich mit vollendetem achtzehnten Jahre majorenn geworden. Nach diesem Vorbeweise ist gründlich dargethan, daß für Seine Durchlaucht den Herzog überall keine rechtliche Verbindlichkeit vorhanden gewesen, jenen Contract zu erfüllen, man möge auch ganz willkührlich annehmen, entweder, daß Seine Durchlaucht zur Zeit des Contractabschlusses majorenn oder minorenn

gewesen. In der erstern Voraussetzung wird behauptet und
deducirt, daß die Vormundschaftliche Regierung, vom 30.
October des Jahrs 1822 angerechnet, als dem Zeitpunkt
der für Seine Durchlaucht eingetretenen Majorennität, bis
zu Höchstderen Regierungs-Antritte, als eine dritte Behörde
zu betrachten sey, welche sich, unbefugt und ohne Auftrag
dazu erhalten zu haben, in die Geschäfte eines andern ein-
mischt. Aus diesem Satze ist die Folgerung gezogen, daß
alle Institutionen und Contracte, welche die Vormundschaftliche Regierung in der vorerwähnten Zeitperiode, gemacht und
abgeschlossen, zu ihrer bleibenden Rechtsgültigkeit der speciellen Anerkennung Seiner Durchlaucht bedürften, ohne diese
aber für Höchstdieselben keine rechtliche Verpflichtung zu de-
duciren vermöchten. In der zweiten Voraussetzung aber, und
wenn man, der gelieferten Deduction ungeachtet, geneigt
seyn könnte, Seine Herzogliche Durchlaucht zur Zeit jenes
Contracts-Abschlusses für minorenn zu halten, würden
Höchstdieselben, als Folge der Ihnen offenbar zugefügten
Läsion und der Berechtigung eines jeden Minorennen, sich
dagegen mit der Restitution zu schützen, den fraglichen
Contract zu erfüllen keineswegs verbunden gewesen seyn.
Es ist Thatsache, daß der Durchlauchtigste Herzog in
Folge des gefaßten Vorsatzes, Sich in den ersten Regie-
rungs-Jahren ganz ruhig zu verhalten, der Erfüllung des
obigen, Höchstdenenselben so nachtheiligen Contractes kein
Hinderniß entgegen gesetzt, ohne übrigens die Rechtsgültig-
keit desselben auf irgend eine Weise anzuerkennen.

Seine Durchlaucht fanden nicht minder einen würdigen
und geachteten Geschäftsmann, den Präsidenten Ihres ersten
Gerichtshofes, destituirt und pensionirt, weil derselbe, ein

Freund der guten, alten Ordnung, sich nicht dazu entschließen
konnte, in dem trüben Geiste der Vormundschaftlichen Regierung zu denken und zu handeln. Dieser umsichtige
Rechtsgelehrte hatte, gegen die auf eine künstliche und syste-
matische Weise zweifelhaft gemachte Majorennität Seiner
Durchlaucht, des Herzogs, eine gründliche Deduction geschrieben. Im Gegensatze hievon haben Seine Herzogliche
Durchlaucht sehen müssen, daß ein practischer Rechtsge-
lehrter zu einem bedeutenden Staatsamte befördert worden,
welcher, dem Interesse des Geheimen-Raths von Schmidt
gemäß, sich dazu hergegeben, die Scheingründe zusammen
zu stellen, welche sich für die Behauptung aufstellen ließen,
daß die Minderjährigkeit Seiner Durchlaucht, des Herzogs,
sich weit über das achtzehnte Lebensjahr hinaus erstrecke.

Die Mitglieder des Herzoglichen Geheimen-Raths-
Collegii haben durch ihren Vertreter, den Geheimen-Rath
von Schmidt, die Minderjährigkeit Seiner Herzoglichen
Durchlaucht dazu benutzt, das ihnen früher angewiesene
Gehalt, durch die sehr bereitwillige Vormundschaftliche Regierung, verdoppeln, ja verdreifachen zu lassen. Es würde
noch viele Zeit und einen bedeutenden Raum bedürfen, wenn
man alles dasjenige schildern wollte, was Seine Herzogliche
Durchlaucht in Höchstbero Landen Nachtheiliges vorgefunden,
und wenn man sich der Speculation hingeben wollte, dasjenige
Schlechte zu eruiren, was Seiner Herzoglichen Durchlaucht
verheimlicht worden. Es ist eine auf rechtliche Beweise sich
stützende Ueberzeugung, daß bei Allem, was Seiner Durchlaucht und Höchstbero Landen Nachtheiliges zugefügt, bei
Allem was das Herzogliche Interesse compromittirt und was
Höchstdenenselben mißfällig werden müssen, und mißfällig

geworden, der Geheime-Rath von Schmidt größtentheils das handelnde Princip gewesen.

Er war es, der durch seine einseitigen Berichte und Communicationen mit dem Grafen von Münster die Pensionirung des Kammerherrn von Linsingen herbeigeführt; er war es, der aus leicht zu errathenden Absichten, den Seiner Herzoglichen Durchlaucht so äußerst nachtheiligen Contract über Höchstdero Theater abgeschlossen, und zwar zu einer Zeit, als er Seine Herzogliche Durchlaucht binnen wenigen Tagen in Braunschweig erwarten mußte; er war es endlich, der ohne allen verständigen Grund die Destitution und Pensionirung eines würdigen Staatsdieners auswirkte, und einen Rechtsgelehrten zu einem nicht unbedeutenden Posten beförderte, dessen Verdienste sich darauf beschränkten, gegen das Interesse seines rechtmäßigen Landesherrn geschrieben zu haben.

Diese Thatsachen, welche der Persönlichkeit des Geheimen-Raths von Schmidt-Phiselbeck allein angehören, und nach der gemachten Classification die zweite Ordnung bilden, stehen aber nicht für sich allein da, sondern sie sind mit andern eben so wenig zu rechtfertigenden Handlungen desselben in Verbindung zu setzen. Hierher ist vorzüglich zu rechnen:

1. Daß der mehrbesagte Geheime-Rath, rücksichtlich der Stellung von Braunschweig zu Hannover, das Interesse seines damaligen Durchlauchtigen Committenten, bei den Verhandlungen des Wiener Congresses auf eine höchst zweideutige Weise wahrgenommen. Der zwischen Braunschweig und Hannover bestehende Hausvertrag vom 10ten December

des Jahres 1636, beurkundet ausdrücklich, daß bei dem Er-
löschen des einen Hauses, deffen alte und neuerworbene
Lande auf das andere übergehen sollen, und obgleich ein
neuerer Vertrag vom 20ften October 1739 dieses Recht für
das Haus Braunschweig, in Bezug auf die Hannöversche
Erwerbung von Bremen und Verden, so wie für beide
Häuser auf alle folgende Länder=Erwerbungen bestätigt; so
hat dennoch der Geheime=Rath von Schmidt während des
Wiener Congresses, Seiner Durchlaucht, dem verewigten
Herzog Friedrich Wilhelm berichtet, daß dem Hause
Braunschweig die Erbfolge in Bremen und Verden noch
nicht definitiv zugesichert, ja er hat sogar ohne alle Autori-
sation und im Widerspruche mit aller diplomatischen Klug-
heit, in zwei Noten an die Hannöversche Gesandtschaft zu
Wien darauf angetragen, daß dem Hause Braunschweig die
Erbfolge in die neuerworbenen Lande von Hannover zugesichert werden möge, und durch diesen auffallenden Mißgriff
ein wirklich schon formel bestehendes Recht in Zweifel gezogen.
Die Hannöversche Gesandtschaft hat sehr begreiflich die Ein-
lassung auf diesen Antrag abgelehnt, welcher denn auch,
ohne weitere Recherche über eine vorhandene Berechtigung
auf sich beruhen geblieben. Man kann nicht ohne Grund
behaupten, daß für das Herzoglich=Braunschweigische Haus
auf dem Wiener Congresse und auch später nicht unglücklicher unterhandelt werden konnte, als dieses in der Wirk-
lichkeit geschehen ist.

Wer gewann, um nur Einiges zu berühren, durch die
Verhandlungen auf dem Wiener Congresse dadurch, daß
Braunschweig in einen nachtheiligen Staatsrechtlichen Zu-
stand versetzt wurde? Graf Münster und der Geheime=Rath

von Schmidt-Phiselbeck, der sich die Aussicht auf Hannöversche Staats-Dienste eröffnete.

2. Daß der Geheime-Rath von Schmidt-Phiselbeck
ruhig es geduldet, daß von Seiten der Hannöverschen Regierung Zölle angelegt worden, welche nur zu sehr sich dazu
eigneten, den Handel und den freien Umsatz in dem Herzogthume Braunschweig zu untergraben. Die Folge hat es
gelehrt, daß es nur einer Remonstration bedurft hätte, um
die Hannöversche Regierung von der Härte und Ungesetz-
mäßigkeit zu überzeugen und dieselbe zu veranlassen, eine
für Braunschweig günstige Modification eintreten zu
lassen.

3. Daß der Geheime-Rath von Schmidt in seinem wichtigen Posten und der bestandenen Vormundschaftlichen Regierung ungeachtet, Seiner Durchlaucht dem regierenden Herzoge,
als dem rechtmäßigen Landesherrn, ganz insbesondere verpflichtet, bei der künstlich streitig gemachten Frage, ob
Höchstderselbe mit dem vollendeten 18ten Jahre mündig
werde, oder nicht? wider den Herzog und Höchstdessen
Interesse sprach und handelte. Der Beweis hiervon liegt
sonnenklar in den über diesen Gegenstand verhandelten
Acten. Das Landes-Grundgesetz über die Regierungs-
mündigkeit Seiner Durchlaucht ist keiner Mißdeutung fähig,
und war Niemanden besser bekannt als gerade dem Geheimen-Rathe von Schmidt. Diesem ungeachtet und nachdem
einer der ersten Rechtsgelehrten im Herzogthume Braunschweig seine wohlgegründete Meinung über diesen Gegenstand ausgesprochen, forderte der Graf von Münster den vormaligen Hannöverschen Minister am Bundestage, Herrn von

Martens auf, über die scheinbar zweifelhafte Frage der Majorennität ein rechtliches Gutachten abzustatten, höchstwahrscheinlich in der Ueberzeugung, daß Herr von Martens, auf Kosten seiner Legalität, den Absichten der Vormundschaftlichen Regierung, oder vielmehr den Absichten ihrer Stellvertreter, entsprechen würde. Man scheint sich indessen verrechnet zu haben, indem Herr von Martens, als unbedingtes Resultat seiner Prüfungen, die Behauptung aufstellte: daß für Seine Herzogliche Durchlaucht allerdings mit dem 18ten Jahre der Zeitpunct der Regierungs-Mündigkeit vorhanden sey. Hiemit hätte man sich wohl billiger und rechtlicher Weise begnügen und Seiner Durchlaucht Höchstdero wohlbegründetes Recht zugestehen sollen. Dieses geschah aber keinesweges. Herr von Schmidt = Phiseldeck mußte Rechts=Gutachten herbeizuschaffen, welche unter den damaligen Umständen ganz nothwendig dem Interesse Seiner Herzoglichen Durchlaucht entgegen seyn mußten, und so ist es leicht zu begreifen, daß diesen letztern Ansichten der Vorzug zuerkannt und die Minderjährigkeit Seiner Herzoglichen Durchlaucht, im Widerspruche mit Recht und Gerechtigkeit, verlängert wurde.

Nach dem Entwurfe treten jetzt die Handlungen des Geheimen=Raths von Schmidt=Phiseldeck hervor, welche der dritten Classe angehören.

Gleich in den ersten Tagen, nachdem der formelle Regierungs=Antritt Seiner Herzoglichen Durchlaucht erfolgt, nahm Herr von Schmidt gegen Höchstdenselben einen so sonderbaren und entscheidenden Ton an, daß dem Durchlauchtigsten Herrn nicht nur sogleich die Ueberzeugung werden mußte, er halte

sich für ganz unentbehrlich, sondern daß der Herzog auch
die Gewißheit erhielt, Herr von Schmidt halte dafür, sein
Landesherr werde und dürfe es nicht wagen, ihm zu con-
tradiciren, oder aber ihm entgegenzuhandeln, aus Furcht
vor dem Könige von England und dem Grafen Münster,
deren leicht zu erklärende Protection er genoß. Der absicht-
lichen Inactivität Seiner Herzoglichen Durchlaucht in Höchstdessen Regierungs-Jahren ungeachtet, frequentirten Höchstdieselben die Sitzungen Ihres Geheimen-Raths-Collegii,
und nur zu oft producirte die Art und Weise, wie sich der
Geheime-Rath von Schmidt benahm, die Vermuthung,
daß die Unterschrift des Durchlauchtigsten Herzogs erschlichen
und gemißbraucht werden solle.

Im vergangenen Jahre befand sich der Graf von Münster
auf einem ihm zugehörigen, nicht fern von der Braunschweigischen Gränze belegenen Gute. Der Erfolg hat gelehrt, daß der Geheime-Rath von Schmidt mit diesem
Staatsmanne mündliche und schriftliche Communicationen
unterhalten, und diesem ungeachtet hat Herr von Schmidt,
als Folge einer desfallsigen höchsten Anfrage, die Versicherung gegeben, in der Zeit mit dem Grafen Münster nicht
communicirt zu haben.

So wichtig die Gründe auch sich gestalteten, deren Vorhandenseyn Seiner Herzoglichen Durchlaucht volle Veranlassung gaben, mit der bestandenen Vormundschaftlichen
Regierung, ganz insbesondere aber mit der Handlungsweise
des Geheimen-Raths von Schmidt, unzufrieden zu seyn;
so ließen Höchstdieselben dennoch alles auf sich beruhen, in
der Ueberzeugung, daß es besser sey, erlittene Unbilden zu

verſchmerzen, als mit Seiner Majeſtät dem Könige von
England in Berührungen zu kommen, welche Höchſtdem=
ſelben unangenehm ſeyn, und welche nur zu leicht einen
öffentlichen Character annehmen konnten. Während dieſer
Reſignation Seiner Herzoglichen Durchlaucht trat plötz=
lich der Geheime=Rath von Schmidt, dem, im ſtrengſten
Sinne des Worts, nie eine Kränkung zugefügt war,
ohne alle Veranlaſſung auf, und forderte ſeine Verabſchie=
dung aus Herzoglich = Braunſchweigiſchen Staats = Dien=
ſten.

Das Abſchiedsgeſuch des Herrn von Schmidt war auf
eine ganz unziemende und trozige Weiſe abgefaßt, und
hauptſächlich dadurch motivirt, daß derſelbe ſeit Jahren von
dem Könige von England Dienſtverſprechungen zugeſichert
erhalten und angenommen habe. Die unverkennbare Eile,
mit welcher der Geheime=Rath von Schmidt die Herzoglich=
Braunſchweigiſchen Lande zu verlaſſen beabſichtigte; ſein
Andrängen, den Abſchied ſofort in der gewöhnlichen Form
ausgefertigt zu erhalten; ſo wie überhaupt ſein ganzes un=
politiſches Benehmen in dieſer Zeit, mußte Seiner Herzogli=
chen Durchlaucht im höchſten Grade befremdend ſeyn. Es
war mehr als zu natürlich, daß bei Seiner Herzoglichen
Durchlaucht Zweifel entſtanden, ob auch die Handlungsweiſe
des Geheimen=Raths von Schmidt während ſeiner ganzen
Amtsführung ſich als fleckenlos darſtelle, und ob nicht die=
ſelbe durch das ſeit Jahren erhaltene und angenommene
Hannöverſche Dienſtverſprechen geleitet und modificirt ſey?
Es war ſchwer zu begreifen, wie der Geheime=Rath von
Schmidt es über ſich habe vermögen können, im Wider=
ſpruche mit ſeinen Dienſtverpflichtungen, jenes Dienſtver=

sprechen jahrelang Seiner Herzoglichen Durchlaucht und dem Braunschweigschen Lande zu verschweigen. Nach allem dem, was dem Durchlauchtigsten Herzoge von den Handlungen des Geheimen-Raths von Schmidt bekannt geworden, mußten Höchstdieselben voraussetzen, daß er sich durch den so sehr beeilten Dienstwechsel seiner Verantwortlichkeit zu entziehen beabsichtige. In allen diesen Rücksichten schien es Seiner Durchlaucht zweckmäßig, zu temporisiren, um nach reiflicher Prüfung einen definitiven Entschluß fassen zu können. Seine Herzogliche Durchlaucht suspendirten deshalb Höchst Ihre entscheidende Bestimmung auf das übergebene Abschiedsgesuch, und es war hiezu um so mehr ein Grund vorhanden, als Herr von Schmidt die Eile nicht zu justificiren vermochte, womit er seine Verabschiedung begehrte. Eine Folge hiervon war, daß der Geheime-Rath von Schmidt, welcher seine feindselige Stellung gegen den Durchlauchtigsten Herzog nicht zu verstecken für gut fand, und in diesem Geiste fortfuhr zu handeln, von seinen activen Dienstverhältnissen dispensirt wurde, und daß er einstweilen, bis zu ausgemachter Sache, provisorisch ein sehr anständiges Wartegeld ausgewiesen erhielt, welches denn auch Herr von Schmidt annahm, und dadurch das Fortbestehen seines Dienstverbandes und der aus dem Diensteide resultirenden Verpflichtungen auf eine ganz unzweideutige Art anerkannte. Während dem daß die Vorarbeiten gemacht wurden, wodurch man in den Stand gesetzt werden konnte, von dem Geheimen-Rath von Schmidt rücksichtlich seiner Amtsführung diejenigen Auskünfte zu verlangen, welche Herr von Schmidt Landesverfassungsmäßig zu geben verpflichtet war, erhielten Seine Herzogliche Durchlaucht eben so neue als triftige Beweise, daß Herr von Schmidt pflichtwidrig gehandelt, und daß er,

weitesten Sinne des Worts, das in ihn gesetzte Vertrauen
nißbrauchet habe.

Unterm 27sten October des vorigen Jahres, nachdem
r Geheime-Rath von Schmidt seine Dispensation vom
tiven Staatsdienste erhalten, versicherte derselbe in einem
fficial-Berichte, daß er alle und jede Dienst-Acten und
piere an das Herzogliche Geheime-Raths-Collegium
geliefert. Im März d. J. hatten Seine Herzoglichen
urchlaucht Gründe von Höchst Ihrem Geheimen-Raths-
ollegio die Vorlegung der Acten, Ihre Regierungs-Mün-
zkeit betreffend, und die, wegen dieses Gegenstandes
ischen Braunschweig und London Statt gefundenen Com-
unicationen zu verlangen. Seine Durchlaucht erhielten
se Acten, in gleicher Maße spät als unvollständig einge-
bt, mit dem Berichte, daß der Geheime-Rath von
hmidt solche nicht abgeliefert, sondern bis dahin zu-
ckbehalten, mit der befremdenden Entschuldigung, daß er
se Acten und den Inhalt derselben für Privat-Ver-
ndlungen gehalten.

Andere Regierungs-Acten, in welchen zum Theil
enigstens für Seine Herzogliche Durchlaucht höchstnach-
eilige Verfügungen des Königs von England enthalten,
s denen klar hervorgehet, daß dieselben nur auf die von
raunschweig aus gemachten Vorschläge und Berichte er-
eilt seyn könnten, sind vollständig bis auf den wesent-
hsten Theil derselben, nämlich die von dem Ministerio in
raunschweig abgestatteten Berichte, und ein Antworts-
chreiben des Herzoglichen Geheimen-Raths-Collegii ent-
ilt die Behauptung, daß rücksichtlich dieser fehlenden Be-

richte und andere Gegenstände nur der Geheime=Rath von Schmidt verantwortlich sey und seyn könne, weil er der Berichts=Erstatter gewesen, und darüber einseitig und hinter dem Rücken der übrigen Räthe des Collegii, mit dem Stellvertreter der Vormundschaftlichen Regierung, Grafen von Münster, communicirt.

Bei dem Vorhandenseyn dieser unleugbaren Thatsachen mußten und müssen sich die Fragen aufdrängen: hat der Geheime=Rath von Schmidt nicht pflichtwidrig gehandelt, wenn er im Widerspruche mit seinem Berichte vom 27ten October des vorigen Jahrs, wichtige Regierungs=Papiere retinirt hat, welche, im Fall seiner sofortigen Verabschiedung, nie wieder zum Vorschein gekommen seyn würden? Darf man bei diesem zweideutigen Benehmen den Versicherungen eines solchen Mannes noch Glauben beimessen? Wer leistete dafür Bürgschaft, daß Herr von Schmidt, allenfalls unter dem gegebenen Character von Privat=Papieren, Seiner Herzoglichen Durchlaucht und dem Lande nicht noch andere wichtige Regierungs=Acten vorenthalte, um davon in der Folge Mißbrauch zu machen? Welche Gründe hatte der Geheime=Rath, die in erheblichen Landes=Sachen von ihm der Vormundschaftlichen Regierung abgestatteten Berichte und gemachten Vorschläge abhanden zu bringen, und höchstwahrscheinlich zu cassiren? War und ist nicht eine dringende Vermuthung vorhanden, daß solches nur um deswillen geschehen sey, um mit den Beweisen einer Verantwortlichkeit, die Verantwortlichkeit selbst zu vernichten?

So dringend die Veranlassung unter diesen Umständen erschien, gegen den Geheimen=Rath von Schmidt eine förmliche und umfassende Untersuchung über dessen Amts=

führung, ben legalen Charakter berselben und bie zu Tage
geförderten Unrechtfertigkeiten anzuordnen; so verzichteten
bennoch Seine Herzogliche Durchlaucht im Voraus auf
bieses Verfahren, und zwar lediglich in Rücksicht der leicht
zu berechnenden Folgen, welche baburch nicht nur herbeige=
führt werden konnten, sondern herbeigeführt werden mußten.
Es war zu berechnen, baß der Geheime=Rath von Schmidt,
bessen Handlungen zum bei weitem größern Theile mit
benen der Vormundschaftlichen Regierung und des Grafen
von Münster in unmittelbarer Verbindung stehen, sich für
seine Rechtfertigung oder Entschuldigung auf jene Autoritäten
berufen würde, und dieses hätte zur unmittelbaren Folge
gehabt, baß bie gegen ben Geheimen=Rath von Schmidt
zu ergreifenden Maßregeln die Handlungen der Vormunb=
schaftlichen Regierung compromittirt hätten. In biesem
Bezuge wären unangenehme Berührungen und Oeffent=
lichkeit nicht zu vermeiden gewesen.

So wichtig bie Motive erscheinen, welche Seine Her=
zogliche Durchlaucht allein bestimmen konnten, auf eine
wirkliche Rechtsverfolgung des Geheimen=Raths von
Schmidt=Phiselbeck zu verzichten, so sehr erforderte es
ber Standpunct Seiner Herzoglichen Durchlaucht, wenn
auch nur der Form wegen, in Abministrations=Verfahren
eine Commission zu organisiren, welche vor der definitiven
Verabschiebung des Geheimen=Raths von Schmidt=Phi=
selbeck einige Dienstauskünfte von bemselben begehrte.
Dieses erschien um so unerläßlicher, als auf der andern
Seite Seine Durchlaucht der Herzog nicht für unentschlossen,
ungerecht, sonderbar, u. s. w. gehalten werden konnte, und
sich Höchstbessen Temporisiren in biefer Dienst=Entlassungs=
Angelegenheit rechtfertigte; auf der andern Seite aber ber

9 *

Geheime=Rath von Schmidt=Phiselbeck die vortheilhafteste
Gelegenheit erhielt, auf eine ehrenvolle Weise seine Ent=
lassung aus den Herzoglich = Braunschweigischen Staats=
Diensten zu erwirken. Die Realisirung dieses von dem
Durchlauchtigsten Herzoge entworfenen Plans, welcher ge=
wiß den Beweis liefert, daß Höchstderselbe, ein erklärter
Feind von allem Aufsehen und allen unangenehmen Auf=
tritten, diese Sache so anständig als möglich zu endigen
beabsichtigte, ward dadurch verzögert, daß Seine Her=
zogliche Durchlaucht Sich mit Ihren Durchlauchtigsten
Verwandten ein Rendez-vous in Leipzig gaben.

Seine Herzogliche Durchlaucht erhielten zu Ihrem
Erstaunen und gerechten Unwillen während Höchst Ihrer
Anwesenheit in Leipzig, durch einem von Ihrem Geheimen=
Raths = Collegio zugesandten Courier die officielle Anzeige,
daß der Geheime=Rath von Schmidt, ohne alle Veran=
lassung, im directen Widerspruche mit dem von ihm ge=
schwornen Dienst = Eide, und nachdem derselbe durch An=
nahme der ihm provisorisch angewiesenen Wartegelder das
Fortbestehen seines Dienstverbandes zu seinem Landesherrn
auf eine ganz unzweideutige Art anerkannt, die Zeit der
Abwesenheit Seiner Herzoglichen Durchlaucht benutzt, heim=
lich, zu Fuß und wie der gemeinste Verbrecher, aus Höchst=
deren Landen entwichen sey, und sich nach Hannover be=
geben habe. Seine Durchlaucht erhielten in demselben Au=
genblicke die lebendigste Ueberzeugung, daß dieser Höchst
Ihnen ungetreue Staats=Diener für ewige Zeiten über sich
und seinen Ruf den Stab gebrochen, und in mehr als einem
Bezuge fanden Seine Durchlaucht Veranlassung, es zu
bedauern, daß der Geheime=Rath von Schmidt = Phiselbeck
durch seine eigene, ihn beschimpfende Handlungsweise

Höchst Ihre guten Gesinnungen gegen ihn vereitelt, und es Ihnen unmöglich gemacht, etwas zu thun, wovon Höchstdieselben hätten glauben dürfen, daß es einem bisher befreundeten Staate hätte angenehm seyn können.

Seine Herzogliche Durchlaucht, stets gewohnt den mildesten Weg einzuschlagen, und gewillet Alles zu vermeiden, was Seiner Majestät dem Könige von England mißfällig seyn könne, ließen den Geheimen-Rath von Schmidt-Phiseldeck officiel auffordern, nach Braunschweig zurückzukehren, um sich zu rechtfertigen, jedoch mit dem Hinzufügen, daß gegen ihn ohne alle Rücksicht verfahren werden würde, wenn von ihm jene Aufforderung unbeachtet bleiben sollte.

Der Geheime-Rath von Schmidt-Phiseldeck hat es für gut gefunden, dem Befehle Seiner Herzoglichen Durchlaucht Hohn zu sprechen, und mündlich und schriftlich zu erklären, daß er unter keiner Bedingung nach Braunschweig zurückkehren würde, durch welche Erklärung denn das Verbrechen des verletzten Diensteides und der beleidigten Ehrerbietung gegen den rechtmäßigen Landesherrn sich als völlig consumirt darstellt. Der Geheime-Rath von Schmidt-Phiseldeck hat sich nicht gescheuet, in seinem Antworts-Schreiben an das Herzogliche Geheime-Raths-Collegium, auf seinen vormaligen Diensteid zu versichern, alle Acten und Papiere abgeliefert zu haben, über seine Verhandlungen mit der Vormundschaftlichen Regierung nur dieser verantwortlich zu seyn, und seine persönlichen und vertraulichen Mittheilungen (die wichtigsten Acten-Stücke, gerade die Seele des Geschehenen) vernichtet zu haben. Man wird eingestehen müssen, daß nicht wohl vollständiger ein Be-

kenntniß von Schuld vorhanden seyn könne, und daß nicht
wohl mit dreisterer Stirn dem Begriffe von Geschäfts-
Ordnung, Amtspflicht und gerichtlicher Verantwortung
Hohn gesprochen sey.

Seine Herzogliche Durchlaucht erhielten bei Höchst
Ihrer Zurückkunft nach Braunschweig einen vollständigen
Bericht über das Vorgefallene. Höchstdieselben konnten
nicht wohl anstehen auf die, Anfrage der Herzoglichen Poli-
zei-Direction, es zu genehmigen, daß Steckbriefe gegen den
Geheimen-Rath von Schmidt-Phiseldeck erlassen würden,
und zwar um so weniger, als der Antrag jener Behörde
dadurch motivirt war, daß sich das allgemeine Gerücht
verbreitet, der Geheime-Rath von Schmidt-Phiseldeck habe
sich ebenfalls heimlich von Hannover entfernt, und beabsichtige, sich zu seinem Bruder, nach Copenhagen zu begeben.

Dieses allgemeine Gerücht schien um deswillen wahrscheinlich, weil man vernünftiger Weise nicht daran denken
konnte, daß ein aus den Herzoglich-Braunschweigschen
Landen entwichener, der durchlauchtigsten Landesherrschaft
responsabler Unterthan und Staats-Diener in Hannover
Schutz erhalten würde. Leider sind Seine Herzogliche
Durchlaucht in Höchst Ihren Ansichten über reciproke Staa-
ten-Verpflichtungen, noch dazu wenn von nahe verwandten
Fürstenhäusern die Rede, sehr getäuscht worden.

Das Cabinets-Ministerium in Hannover hat sich nicht
nur in einem Official-Schreiben auf das bestimmteste dahin
ausgesprochen, daß dem Geheimen-Rath von Schmidt-
Phiseldeck Schutz verliehen werden solle, und verliehen

worden sey, sondern daß auch die Dienst-Anstellung des Geheimen-Raths von Schmidt-Phifeldeck ohne Weiteres auf den erwarteten Befehl Seiner Majestät des Königs von England erfolgen werde.

Diese offenbar feindselige Handlungsweise der Königlich Hannöverschen Regierung, der durch das bisherige Verfahren derselben ausgesprochene Wille, sich mit alle dem in Widerspruch zu setzen, wovon das gute Verhältniß zwischen Nachbarstaaten allein abhängig seyn kann, versetzt Seine Herzogliche Durchlaucht in einen gerechten Nothstand, und verpflichtet Höchstdieselben Gleiches mit Gleichem zu vergelten. In dieser Rücksicht ist kein Grund vorhanden, weshalb die wider höchste Absicht herbeigeführte gerichtliche Untersuchung gegen den Geheimen-Rath von Schmidt-Phifeldeck und dessen offenbare Unrechtfertigkeiten nicht fortschreiten sollte. In gleicher Rücksicht haben sich Seine Herzoglichen Durchlaucht veranlaßt gefunden, die fernere Zahlung der von dem Gheimen-Rathe von Schmidt-Phifeldeck für den Kammerherrn von Linsingen erschlichenen Pension zu inhibiren. Die dem Legations-Rath Rheinfelder zu Wien ertheilten Vollmachten für das Interesse des Herzoglich Braunschweigschen Hauses sind zurückgenommen, und haben um so mehr zurückgenommen werden müssen, als sich in den hiesigen Regierungs-Acten eine zwischen ihm und dem Geheimen-Raths-Collegio geführte, höchst verdächtige Correspondenz in Chiffern vorgefunden.

Seine Herzogliche Durchlaucht sind, gestützt auf Ihr unzweideutiges Recht, veranlaßt worden, Höchst Ihren Unterthanen in einem offenen Patente zu erklären, daß sie die von der bestandenen Vormundschaftlichen Regierung während

Höchst Ihrer Minderjährigkeit gemachten Verordnungen und Institutionen nur insofern anerkennen würden, als dadurch nicht über die Substanz von Regenten= und Eigenthums=Rechten disponirt sey, und die in dem Zeitraume vom 30sten October 1822 bis dahin 1823 während Höchst= Ihrer materiellen Regierungsmündigkeit von der damaligen Regierungsgewalt getroffenen Einrichtungen nur in so fern als Höchst Sie geneigt seyn würden, solche speciel zu ratihabiren. Seine Herzogliche Durchlaucht werden endlich veranlaßt und gezwungen seyn, über das mannichfache Unrecht, welches Höchst Ihnen während Ihrer Minderjährigkeit zu= gefügt, und wegen der Ihnen zugefügten Nachtheile und Schäden, so wie wegen der ungesetzmäßig verlängerten Re= gierungsgewalt laut und öffentlich Klage zu erheben.

Diese Mißverhältnisse mit allen Ihren jetzigen und zukünftigen Folgen sind auch nicht auf die entfernteste Weise von Seiner Herzoglichen Durchlaucht herbeigeführt, sondern die Regierung von Hannover ist es allein, welche den Bruch zweier befreundeten Staaten gewollt, und ihren Willen nur zu deutlich dadurch ausgesprochen hat, daß sie einem dem Herzoglich Braunschweigischen Lande responsablen Staats= diener, Statt denselben auszuliefern, nicht nur Schutz ver= leihet, sondern ihn sogar auf einen wichtigen Posten an= zustellen, kein Bedenken trägt.

Anlage, № III.

THE privy counsellor, Schmidt-Phiseldeck, who has secretly fled to Hanover, his personal concerns, and the part he took in the late tutelar government of the Dutchy of Brunswick, as well as his connexion with Count Münster, the representative of that government, and the relation in which he now stands with respect to the House of Brunswick and to His Serene Highness the reigning Duke personally, having latterly furnished much subject for discussion, and a very erroneous judgement having in many instances been formed of them, the trouble will be well repaid of distinguishing the truth from falsehood, and of seeking a correct, dispassionate and impartial result, by investigating the subject and setting it in a proper light with the help of some official information communicated for that purpose.

Tho this end it is necessary to recur to a former period, especially to the time of the education of His Serene Highness, in order to connect the occurrences during His Highness's minority with those of a latter date, and which form the subject of the present inquiry.

The glorious death of His Serene Highness Duke Frederick William at Quatrebras, made it necessary to organize a tutelar government for His Serene Highness, the present reigning Duke, and his dominions; and His Majesty the King of Great Britain undertook the charge of guardian, partly as the nearest relation of the House of Brunswick, and partly in compliance with the wish expressed in the will of His Serene Highness Duke Frederick William.

At the close of the year 1815 no man of weight stood at the head of affairs at Brunswick. Privy counsellor Schmidt-Phiseldeck, who had received his political education in the school of the ephemeral Kingdom of Westphalia, was the most able member of the then existing Privy Council; and it will be proved, by adducing circumstances afterwards brought about by him, that he formed the extensive plan of establishing for himself a fixed and lasting power. This idea too, it is to be presumed, he formed in concert with, and under the especial protection of Count Münster, whose acquaintance he had made at the Congress of Vienna.

The plan thus ambitiously formed, was only to be executed by allowing no one into the Privy Council, who would venture to oppose Mr. Schmidt-Phiseldeck, by arranging that the necessary correspondence between the Brunswick and tutelar governments should be carried on in the form of private communications between Mr. Schmidt and Count Münster, by the appointment of a minister at Brunswick, who should represent the head of the government, and have the form of responsibility; and lastly, by appointing individuals to superintend the education of His Serene Highness the present reigning Duke, calculated to keep His Highness in a permanent state of ignorance and inactivity, and to make him incapable of ever thinking or acting independently.

The first point was carried by retaining those members of the Privy Council, who were completely subordinate to Mr. Schmidt-Phiseldeck, and by setting aside the appointment of a chargé-d'affaires for Brunswick at London, in deference to the plausible declaration of Count Münster, that such an appointment was unnecessary, and that the expence might be saved to the country. The second point was accomplished by the nomination of the late Minister of State of Brunswick, and the last, *as it appeared*, by the appointment of Professor Eigner, a former teacher of pages, as tutor to His Serene Highness the Duke.

The actions of privy counsellor Schmidt-Phiseldeck, which have excited the displeasure of the Duke and of his subjects, may be classed under three heads, and deserve particular attention:

1st. Those which were apparent to His Serene Highness, and felt by him during his minority.

2nd. Those which belong to the same period, or even to an earlier one, but of which His Highness only became by degrees aware, after his assumption of the reins of government.

3rd. Those which occurred during His Serene Highness's own government of the country; and to which His Highness himself must be the best able to bear testimony.

In examining the conduct of privy counsellor Schmidt - Phiseldeck, the physical and moral education of His Serene Highness deserves especial attention; and in this Mr. Schmidt-Phiseldeck, in concert with Count Münster, must be looked on as the acting principle. It is unfortunately too well known, with what little consideration, and how unworthily His Highness was treated by his tutor Eigner, and at a later period by M. Linsingen, and how much the course they followed, was in contradiction to all that was requisite for the moral and liberal education of a future Sovereign. His Serene Highness had a thousand opportunities of feeling how desirous these gentlemen were to intimidate him according to their instructions, to thwart every wish, and destroy every sign of spirit, with the view of making His Highness a willing prisoner for the remainder of his life, and preparing him to be treated as a mere machine. It seems as difficult to credit, as it is undoubtedly true, that these tormentors would scarcely allow His Serene Highness to go two steps from one room into another, or into the garden without their leave, until his eighteenth year; that His Highness dared not eat, read, or employ himself in any way, without their especial permission; and that undeserved mortifications and reproaches began with the morning and ended only with the night; not an interval being allowed of rest or comfort.

During a visit of His Serene Highness to Hanover, the then Minister at Brunswick, Count Alvensleben, waited on him by direction of Count Münster and Mr. Schmidt, and informed him, that His Royal Guardian had determined to continue the tutelage, which should end with His Highness's eighteenth year, for some years longer. It may here be asked, if the right to make this prolongation really existed, why this communication to His Serene Highness was deemed necessary? The Duke had indeed been informed from his earliest youth, that according to a fundamental law of the country, he should be of age on the completion of his eighteenth year. By what right then could so sudden and unexpected a charge be made? The answer is easy: — only by the right of the stronger. His Serene Highness felt this very lucid argument but too strongly; and instead of making any reply to Count Alvensleben, contented himself with shrugging his shoulders. If this has been looked upon as a sign of acquiescence, or if it has been thought that it might be so interpreted, His Serene Highness can, and must solemnly protest against any such conclusion. It neither was nor could be meant so; but it was useless to offer decided resistance to a stronger power; and as His Highness had, by careful management, been kept in a state of juvenile inexperience, his omitting to protest against the measures thus adopted, could not expose him to any disadvantage.

Unpleasant as it naturally was to His Serene Highness to have his minority prolonged without any sufficient reason being assigned, still the Duke thought it possible that the tutelar government might be justified in taking this resolution, as great stress was laid on the will of His Serene Highness Duke Frederick William. In order to procure complete information on the subject, His Serene Highness wrote to Count Alvensleben from Lausanne, desiring him to send him a certified copy of his father's will, which had been most unaccountably kept from him till then. His Serene Highness received in reply, a mere extract from the will of Duke Frederick William, relating to many different matters, but in which not one word was contained on the only subject, for the moment of any interest to him. It is therefore with good reason to be presumed, that the intention was to conceal from His Serene Highness the precise point which he considered as so important. At length, after repeated and pressing applications, His Serene Highness obtained an extract from the will, that could be made some use of, from which he learnt, that Duke Frederick William had fixed the completion of the education of the future Sovereign from his sixteenth to his twentieth year. From the consciousness which His Serene Highness felt of his own powers, all the pains taken having failed to suppress them, he might reasonably have considered himself as of age at sixteen years, conformably to his father's will. His Serene Highness however, with no small self-command, formed the resolution of looking upon his eighteenth year, as the period of his majority; being not only on a medium between the periods specified in the will, but also in accordance with what had been represented to His Highness as the law of Brunswick.

Not withstanding all this, His Serene Highness, in compliance with the directions of his Royal Guardian, went to Vienna. A statesman as able as elevated in rank, will not refuse to bear testimony, that His Serene Highness expressed himself and conducted himself with the greatest moderation, and that he devoted his undivided attention to the counsels kindly given him. One proof of this last assertion is, that His Serene Highness from a love of peace, and influenced by a wish to avoid disagreeable and public proceedings, as well as out of deference to the advice given him, remained in the state of resignation to which he had submitted himself, although fully convinced, that, according to the laws of Brunswick, he was of age and capable of governing, on the expiration of his eighteenth year; and that he could assert his right to act for himself. Through the intervention and talents of one of the most experienced statesmen of the present age, His Serene Highness succeeded in obtaining his rights, which but for this powerful assistance would have been withheld from him for years longer. The joy which it occasioned His Serene Highness after years of suffering, and numberless mortifications, to find himself independent and drawn forth from a state of nullity and slumber, induced him to take up the resolution of remaining perfectly quiet in the first year of his government, and of not doing any thing which could be in the slightest degree disagreeable to the former tutelar government, with a view of giving the world a proof of his self-command, and of shewing that he had not assumed the reins of government too early or too young.

Before investigating those proceedings of privy counsellor Schmidt - Phiseldeck, which belong to the second head, it may not be useless to take a view of the situation in which things stood when His Serene Highness assumed the government, and this retrospect will clearly demonstrate the sacrifices made by the Duke, in adhering to the above-mentioned plan of three years' self-restraint, and the inactivity necessarily combined with it.

When His Serene Highness entered Brunswick in the year 1823, he found, instead of any one commissioned by His Britannic Majesty, to give over the government of the country to the Duke, in the name of His Royal Guardian, no one but the minister of state, Count Alvensleben, on the eve of departure, and Mr. Schmidt-Phiseldeck, who did not think it worth his time or trouble to submit an account of his proceedings, even as manager of the private property of His Serene Highness. Not a word, of course, was said resembling a justification of the manner in which the administration of affairs had been conducted, and His Serene Highness was fully convinced by these striking instances, that the weakness, inexperience and inactivity on his part, which had been so deeply planned, not only had been, but still were confidently reckoned on. The members of the Privy Council, or rather their sole organ, Mr. Schmidt-Phiseldeck, formed this favourable opinion of His Serene Highness, on seeing, that in pursuance of the task he had imposed on himself, he neither seemed to trouble himself about any thing that occurred, nor asked or said any thing relative to the administration of affairs, and that he allowed the persons even nearest to his own person, to act entirely according to their own will and pleasure.

But the members of the Brunswick government with Mr. Schmidt-Phiseldeck at their head, were very much deceived, if they looked upon His Serene Highness's well-timed inactivity as arising from indifference. This very line of conduct, on the contrary, furnished His Highness the best possible opportunity of seeing and hearing, and becoming acquainted with the affairs of the country, to enable him to act *hereafter with consistancy and decision.*

The first difficulty that presented itself in the execution of the plan which His Serene Highness had formed of remaining quiet, and not interfering with the government for three years, was occasioned by Mr. Schmidt's requesting the Duke to confirm the representative constitution, which had been organized for the country, during the real and assumed minority of His Highness. The Duke, who for many reasons that will be assigned, neither would nor could acknowledge this constitution, had nothing left him but to temporize, in order to preserve a consistent line of conduct, and not to set himself at once in direct opposition to an institution of the tutelar government. His Serene Highness therefore, deferred complying with Mr. Schmidt-Phiseldeck's request, at the same time, neither accepting nor refusing the present of 20,000 dollars in gold, tendered by the country to the Sovereign according to an ancient custom.

Whoever should suppose that His Serene Highness intended, from mistaken views of sovereignty, to oppose the Act of confederation of Vienna, according to which a representative constitution should be adopted in each of the Confederate States, would be guilty of great injustice, both towards the paternal feelings of His Highness for his dominions, and towards his personal character. The less this is in reality the case, so much the more necessary is it to explain the reasons that determined His Serene Highness never to acknowledge the Representative Constitution of the Dutchy of Brunswick, in the form in which it had been established.

These are,

1st. Because the establishment of a fundamental law in any country, introducing a change in its former constitution, involves a surrender of the rights of the Sovereign, which surrender no tutelary government is authorized to make, as the power it possesses is merely administrative. In these circumstances stands the re-establishment of the Representative Constitution of the Dutchy of Brunswick; made under the authority of His Britannic Majesty, in the year 1820. The consent of the tutelary government was given to the bills passed by this new organized representative body, on its dissolution in 1823, at a period when his Serene Highness, according to the law of the country, was already of age, and the recognition of this institution, on the part of His Highness would, if given, have virtually included the acknowledgement, that the Duke was still far from being of age, although he had completed his eighteenth year.

2nd. It was highly displeasing to His Serene Highness, to perceive that Count Münster took no step towards the dissolution of the representative body and confirmation of the bills as above stated, until it was agreed that His Highness should himself assume the government. His Majesty's patent, declaring this event, is dated on the 6th June, 1823, and the dissolution of the chambers took place on the 11th July, in the same year, while the accession of the Duke was fixed for the following October. It must, therefore, have been intended to bind the hands of His Serene Highness the Sovereign, by the above-mentioned assent, given to the bills on the dissolution of the representative body, according to the well arranged plan.

Without taking into consideration the fact, that the legal majority of His Serene Highness took place on the 30th October 1822, and that accordingly, His Highness's consent was requisite to make any actions of His Royal Guardian, from that period to the assumption of the government by the Duke valid—the questions naturally suggest themselves: Would it not have been more consistent with propriety, more reasonable, to have delayed this confirmation of the acts of the chambers, until His Serene Highness should have taken on him the reins of government? Would it not at least have been more regular, if they had been reserved for His Highness's own ratification? But setting aside these considerations, this sanction of the acts of the chambers, but still more so, the renewed representative constitution contained so many limitations, and in various cases, compromised the rights of the Sovereign so much, that an unconditional acknowledgement of this intended fundamental law would have been highly prejudicial to His Serene Highness as Sovereign. To give but one instance, it was ordained that the signature of the Sovereign should not be valid, unless counter-signed by the minister; without which addition it was to be looked on as surreptitious. It must not pass unnoticed, that His Serene Highness, in the first year of his reign, was beset on all sides with numberless complaints and accusations against Mr. Schmidt-Phiseldeck, many of which were not without foundation. But ever mindful of his before-mentioned resolution, and determined to cherish no distrust, the Duke either took no notice of these complaining memorials, or laid them in the openest, and most confidential manner before Mr. Schmidt and the Privy Council. His Serene Highness however, could not fail by silent observation and calm inquiry, to arrive at the fact, that Mr. Schmidt-Phiseldeck, had taken many arbitrary steps, which must be highly displeasing to the Duke. It will be sufficient to adduce a few of these facts: His Serene Highness found that the Hanoverian chamberlain de Linsingen, who during his attendance on the Duke, for a year and a half, had done nothing but torment and annoy him in a dreadful manner, had received a pension of 900 dollars per annum, although on his appointment no promise of a pension was made him. If it were necessary to pension M. de Linsingen for his systematic ill treatment of His Serene Highness, His Majesty could have undertaken that burden himself, and not have thrown it on His Highness, for which there could be no sufficient, and still less, any satisfactory ground. A tutelar Sovereign, certainly possesses many of the rights of a virtual Sovereign; but he is far from having them all. He may indeed possess the power of regulating matters of importance, when their necessity and utility are undeniable; in which may perhaps be included the pensioning of an old and and meritorious servant of the state, as it may be supposed, and not unreasonably, that the Sovereign himself, on similar grounds, and in compliance with established custom, would have done the same. On the other hand, it can by no means be admitted, that a tutelar governor has a right to dispose of the private property of his ward, arbitrarily; as in this case it must also be allowed, that he can alienate domains, or even *exchange provinces*, according to his pleasure. It is therefore difficult to conceive why Count Münster should have allowed a pension to be granted to a young man, who had served the House of Hanover, and not that of Brunswick; and who had found it convenient to ask for his discharge, after having played the part of task-master, in a masterly manner for one year. In a question of right, the sum is known to be of no consequence, and if His Majesty had the power of bestowing on M. von Linsingen, a pension of 900 dollars, he had equally the power of making the pension 9000 dollars. Things of this kind could only have been arranged with the previous concurrence of His Serene Highness, the present Duke; and if he, consulting the interest of the country, now recall this pension, he does nothing more or less, than recall property that has been illegally disposed of.

His Serene Highness found too, on undertaking the government, that it had been judged proper to conclude a contract with a committee of merchants respecting the court-theatre of Brunswick, which deprived His Highness of the control over that establishment for four years after he became of age, and three years after his assuming the government of his dominions. This contract contained conditions as advantageous to the undertakers of the theatre, as disadvantageous to his Serene Highness. The use of the following was made over to the committee *gratis* by the contract, viz.

1. The playhouse.

2. The private band as orchestra.

3. The scenery.

4. The wardrobe.

5. The right of representation, etc.

The Privy Council and Mr. Schmidt-Phiseldeck at their head, further agreed to pay to the company 8000 dollars per annum, and 500 dollars per annum for a box for the use of His Serene Highness. Lastly, it was agreed that for the private wardrobe erected by the company, for theatrical utensils and many other things for the most part totally useless, the Duke should pay about 30,000 dollars on the expiration of the contract. Besides that the privy counsellor had made a similar contract with the same company before, by which a considerable sum, more than 100,000 dollars of the property of the Duke was thrown away in the most useless manner and without attaining the end of amusement; this new agreement, independent of its disadvantages in a pecuniary sense, entailed necessarily the peculiar circumstance, that His Serene Highness must deny himself the pleasure of having a concert at his own palace, if the directors of the theatre chose to give an opera at that particular time. Other inconveniences might be mentioned, besides the circumstance , that all permission to give theatrical representations could, and should emanate, from His Highness alone as Sovereign of the country. It is indeed a matter of surprise that the contract contained permission for His Serene Highness to go into his own house. For the not altogether trifling sum of 30,000 dollars, a number of almost useless things have been obliged to be taken, and according to the opinions of persons, who understand the subject, it would have been much more advantageous to His Highness's theatre, if this private wardrobe had never been purchased, as the procuring new dresses for every new piece, would have had much more effect in the representation and would have cost less. The acts relating to the theatre at Brunswick prove, in the fullest manner, that this contract, so highly disadvantageous to His Serene Highness, was not yet concluded on the 2nd October 1823, while His Highness was to take the government of the country on himself on the 30th of the same month. If it be not allowed that the intention was to tie His Serene Highness's hands and deprive him of all power to make dispositions himself, no reasonable ground can be assigned for a course of conduct so prejudicial to His Highness's interest. When privy counsellor Schmidt - Phiseldeck was asked by His Serene Highness in the course of conversation, how it was possible to conclude so disadvantageous a contract a few days before His Highness's assumption of government? he' replied, that the government certainly had the power to do so, and added the ridiculous remark, that for any objections of this kind, the whole Privy Council would be eventually answerable. By this conduct and such an excuse, one is involuntarily reminded of Crispin, who in his anxiety to serve the poor, began by raising himself at once above all the prejudices respecting property entertained by the rich. The above-mentioned contract, and its legal character, have been investigated in a treatise that lately appeared in a periodical paper in extensive circulation; the most complete proof is contained in it, that His Highness became of age according to the laws of the country, on the completion of his 18th year. After deciding this point as introductory, it is thoroughly made manifest, that His Serene Highness was under no legal obligation to fulfil that contract, whether it be assumed that His Highness was of age, or a minor at that period of concluding it. In supposing the first of these cases, it is asserted and argued that the tutelar government, reckoning from the 30th October 1822, when His Serene Highness came of age, to the period of his assuming the government, is to be looked on as a third authority, mixing without right and needlessly in the concerns of others. From this argument is drawn the conclusion, that all institutions and contracts made by the provisory government during the above-mentioned period, require the special confirmation of His Serene Highness to make them valid, and that without such confirmation they contain no legal obligation for His Highness.

In supposing the second case, it is shewn, that should any one still consider His Serene Highness as a minor at the time of concluding that contract, it still would not be binding on him, in consequence of its evident detriment to him and according to the acknowledged rights of minors, to demand indemnity by restitution. It is however a fact, that His Serene Highness, in pursuance of his resolution to keep quiet during the first years of his government, made no opposition to the fulfilling of this disadvantageous contract, but without in any way acknowledging its validity.

His Serene Highness found also that a worthy and estimable man of business, the president of the first Court of Justice, had been dismissed on a pension, because he could not bring himself to act or think in conformity with the dark spirit of the Privy Council. This able lawyer had written a treatise setting beyond all question the majority of His Serene Highness, on which doubt had been thrown in an artful and systematic manner. On the other hand, His Serene Highness was obliged to witness the promotion of a practising lawyer to a situation of importance, in consequence of his having lent himself to the interests of Mr. Schmidt, in collecting the apparent reasons in justification of the assertion, that the minority of His Highness could be extended far beyond his eighteenth year.

The members of the Ducal Privy Council, through their representative Mr. Schmidt-Phiseldeck, made use of the minority of His Serene Highness to double, even to treble the salaries formerly appointed them, with the consent of the very compliant Count Münster.

It would consume both a great deal of time and
room to describe all that His Serene Highness found had
been done to the prejudice of his dominions, especially
if we should undertake the task of enquiring into all
that has been concealed from His Highness. The conviction rests upon clear grounds, that in all that has
in this way occurred prejudicial to His Serene Highness, or to his dominions, on every occasion when His
Highness's interest has been compromised, in every occurrence calculated to excite His Highness's displeasure,
and in all those that have provoked it, Mr. Schmidt-
Phiseldeck was in general the acting principle. It was
he, who by partial reports and communications to Count
Münster procured the pension for M. von Linsingen. It
was he, who from reasons easily imagined, concluded
the contract respecting the theatre so highly expensive
and disadvantageous to His Serene Highness, and that
at a time when the Duke was expected in the course
of a few days at Brunswick. It was he, who without
reasonable ground, occasioned the dismissal on a pension
of an estimable servant of the state, and who appointed
to no unimportant office a lawyer, whose only merit
consisted in having written against the interests of his
lawful Sovereign.

In these facts attaching to privy counsellor Schmidt-
Phiseldeck personally, and which come under the second
head as before stated, must be joined other proceedings
fully as unjustifiable. Of these the principal are:

Ist. That privy counsellor Schmidt - Phiseldeck, in
the negociations at the Congress of Vienna, conducted

the interests of His Serene Highness with regard to his relations with Hanover in a very equivocal manner. The family treaty between Brunswick and Hanover of the 10th December 1636, expressly declares, that, on the occasion of the extinction of either of these Houses, the old territories of that House together with all acquired at any later period, shall pass to the other branch; and a latter treaty of the 26th October 1739, confirms this right of the House of Brunswick as relating to the succession to Bremen and Verden, then lately acquired by Hanover, as well as to all acquisitions of territory, that should hereafter be made. In spite, however, of the existence of these treaties, Mr. Schmidt-Phiseldeck informed His Serene Highness the late Duke Frederick William during the Congress of Vienna, that the succession to Bremen and Verden was not definitively settled, and without being authorised and in utter opposition to all political prudence, required, in two notes addressed to the Hanoverian Ambassador at Vienna, that the succession to the newly acquired territory should be confirmed to the House of Brunswick; by this striking piece of imprudence throwing a doubt on a formerly existing right. The Hanoverian Embassy, as may easily be supposed, avoided entering into the question, which was suffered to remain in that state without farther enquiry after the existing right. It is not therefore unreasonable to assert, that to negociate worse for the Ducal House of Brunswick, than was done at the Congress of Vienna, and even since that period, was impossible. To look at this occurrence only in one point of view — who was the winner by Brunswick's being placed in a disadvantageous situation with respect to its political rights at the Congress of Vienna? Mr. Schmidt-Phiseldeck, who thereby opened to himself a prospect of employment under the Hanoverian government.

2nd. That privy counsellor Schmidt - Phiseldeck quietly allowed duties to be imposed by the Hanoverian government, too well calculated to undermine the freedom of trade and facility of traffic in the Dutchy of Brunswick. The sequel has shown, that it merely required a remonstrance to convince the Hanoverian government of the harshness of this course, and to induce it to adopt a line of conduct more modified and more favorable towards Brunswick.

3rd. That Mr. Schmidt-Phiseldeck, who, by the important post he filled, was especially bound to His Serene Highness the Duke of Brunswick, notwithstanding the existence of the tutelar government, both spoke and acted in constant opposition to the interests of the Duke, during the discussion of the question, »whether His Serene Highness became of age on the completion of his eighteenth year?» so artfully made a doubtful one by Count Münster. The proof of his having done so, lies as clear as day in the papers relating to this point. The fundamental law of the land is not capable of being mistaken on the subject of the majority of His Serene Highness, and no one was better acquainted with it than Mr. Schmidt. But notwithstandig this, and although one of the best jurists in the Dutchy of Brunswick had given a wellgrounded opinion on the subject, Count Münster asked M. von Martens, the former Hanoverian ambassador at the German diet, to draw up a legal opinion on the supposed doubtful case of a minor's coming of age, probably in the expectation that M. von Martens would sacrifice his uprightness to forward his personal views. It seems however, that this expectation was ill-founded, as M. von Martens asserted, as the unqualified result of his researches, that the completion of his eighteenth year would terminate His Serene Highness's minority. This might well have been considered sufficient; and His Serene Highness might, after it, have been allowed to enjoy so well-founded a right. It was, however, by no means the case. Mr. Schmidt - Phiseldeck contrived to produce legal opinions which, under the existing circumstances, could only operate prejudicially to the interests of His Serene Highness; and it is easy to conceive that the preference was given to this last view of the case, and the minority of the Duke prolonged in defiance of all right and justice.

According to the plan of this statement, those actions of privy counsellor Schmidt-Phiseldeck which belong to the third head, now follow.

Immediately after the formal assumption of the reins of government by His Serene Highness, Mr. Schmidt adopted a tone so decided and so extraordinary towards the Duke, as produced the necessary conviction, that he not only looked on himself as indispensible, but that it was his opinion, his Sovereign would not dare to oppose or contradict him.

Notwithstanding the intentional inactivity of His Serene Highness, after assuming the government, he often attended at sittings of the Privy Council, and the manner in which Mr. Schmidt-Phiseldeck conducted himself, gave too often occasion to suppose that it was intended to procure, not unfrequently, the signature of His Highness surreptitiously, and misapply it.

During the last year Count Münster was, for some time, at a country seat of his, not far from the frontiers of Brunswick. The sequel has shown that Mr. Schmidt held communications with this statesman while there; and notwithstanding this he assured His Serene Highness, in reply to a question, that he had no communication with Count Münster during that time.

Important as the subjects appeared which excited His Serene Highness's displeasure and the causes of his dissatisfaction with the proceedings of Mr. Schmidt, still His Highness thought it better to allow every thing to rest, and to bear with the mortifications he had suffered, rather than come to any misunderstanding with His Majesty the King of Great Britain, which could not but be highly disagreeable and painful to the Duke, and might easily assume a more public character.

While His Serene Highness was acting in pursuance of this plan, Mr. Schmidt-Phiseldeck, who, in the strictest sense of the word, had never met with the slightest mortification, came suddenly forward, and without any cause, demanded his discharge from the service of the government of the Dutchy of Brunswick. The request to be discharged on the part of Mr. Schmidt, was clothed in an unbecoming and disrespectful style; the principal motive assigned for this proceeding being, that he had several years before, received and accepted offers of employment in the service of His Britannic Majesty; the evident haste with which he wished to leave the territories, his anxiety to obtain a discharge made out in the usual form, and his rude behaviour at that time, necessarily struck His Serene Highness with astonishment. The doubt naturally suggested itself, whether the line of conduct followed by Mr. Schmidt, in the course of his official employment was free from censure; and whether it might not have been swayed by the promises of employment received from Count Münster many years before? It was difficult to conceive how Mr. Schmidt could have brought himself to conceal these promises of employment for years from his Sovereign, and his country. After all too, that had come to the knowledge of His Serene Highness, respecting Mr. Schmidt's proceedings, it was natural to conclude, that by this hurried change of service, he wished to withdraw from the responsibility under which he stood. Amid these suggestions, it appeared to His Serene Highness, most prudent to temporize, in order to make proper enquiry before deciding finally. His Serene Highness therefore, delayed giving a decided answer to the requisition for a discharge, in which proceeding, he was further justified by Mr. Schmidt's being unable to assign any satisfactory reason for the anxiety he evinced to obtain his dimissal. One consequence of this resolution, was the suspension of

Mr. Schmidt from active service, as he had not thought proper to conceal the hostile attitude he had assumed towards the Duke, but chose to act in pursuance of it; he however received a very handsome allowance until the case should be settled, and by the acceptance of it, acknowledged his continuance in the service, and the prolongation of the obligations imposed on him by his oaths of allegiance, in the most unequivocal manner. During the preliminary inquiries, which were requisite to procure from Mr. Schmidt, the account of his proceedings in office, which he was obliged to render according to the laws of the country, His Serene Highness received proofs as unexpected as important, that Mr. Schmidt had acted contrary to his duty, and had abused the confidence reposed in him in the widest sense of the word.

In an official report dated the 27th of October, last year, after Mr. Schmidt-Phiseldeck had been suspended from active employment, he asserted that he had delivered over to the Ducal Privy Council all, and every document and paper relating to his office. In March, this year, His Serene Highness had occasion to require the Privy Council to lay before him some documents relating to his coming of age, and the correspondence that took place between Brunswick and London on that subject. His Serene Highness received these documents after some delay, and in an imperfect state, with the report that they had not been previously delivered up by Mr. Schmidt, but had been retained by him until then. The extraordinary excuse assigned for this conduct was, that he looked on these papers and

their contents merely as a private correspondence.
Other public documents, some of which contain ordinances of the Privy Council, highly prejudicial to His
Serene Highness, and which fully prove by their con-
struction, that they could only have been occasioned
by reports and suggestions emanating from Brunswick,
are deficient in their most essential parts, viz: the
reports rendered by the ministery of Brunswick; and
a written reply of the Ducal Privy Council, contains
the assertion: "that privy counsellor Schmidt-Phisel-
"deck, alone is, and can be answerable for the docu-
"ments that are wanting as well as for other matters,
"as he alone made the reports, and communicated with
"the representative of the tutelar government Count
"Münster, on his own account, and without the parti-
"cipation of the other counsellors."

These undeniable facts necessarily gave rise to, and
must still suggest the questions: "Did not Mr. Schmidt-
"Phiseldeck act contrary to his duty in withholding
"important state papers in contradiction to the report
"handed in by him of the 27th of October, last year,
"and which papers would never have been produced
"if he had been able to procure his discharge? What
"credit do the assertions of a man deserve, who has
"acted thus equivocally? Who will undertake to say,
"that Mr. Schmidt may not have retained other im-
"portant public documents, under pretence of their
"being private papers, from His Serene Highness and
"the country, in order to apply them to an improper
"use hereafter? What reasons induced Mr. Schmidt
"to put out of the way, and most probably to destroy

11

"the reports. and suggestions, made to the tutelar
"government, on matters of importance to the country?
"Was not the supposition a natural one, and is it not
"so still, that this was done with the view of escaping
"from responsibility, by destroying proofs that made
"it to be dreaded? Pressing as the reasons were, for
"instituting a formal inquiry on the extensive scale,
"into the conduct of Mr. Schmidt while in office, in
"order to decide how far that conduct had been legal;
"and to bring whatever was unjustifiable to light,
"His Serene Highness, hesitated at first to adopt this
"step, principally on account of the consequences,
"which were not only *likely* to follow it, but which
"it would *necessarily* bring on. It was to be expected
"that the proceedings of Mr. Schmidt, standing as they
"did, in immediate connexion with Count Münster,
"would necessarily occasion that gentleman to ap
"to the authority of His Majesty, in his excuse or
"justification, and the necessary consequence of that
"would be, that any steps taken against him, would
"compromise the tutelar government. In this manner,
"disagreeable and painful collision, and consequent
"publicity would have become inevitable."

Important as the motives appeared which could
alone induce His Serene Highness, to hesitate at regu-
larly impeaching privy counsellor Schmidt-Phiseldeck;
so much the more necessary did it become for His
Highness, in such a situation, to appoint a commission
for requiring some official explanation from that gentleman, concerning his administration, before his final
dismission, were it merely for the sake of form. This

appeared the more necessary, as it would take away all appearance of indecision, injustice or singularity from His Serene Highness on the one part, by affording some reason for the discharge required; being delayed; and on the other, would give Mr. Schmidt-Phiseldeck the most desirable opportunity of procuring his discharge from the Brunswick service, under honourable circumstances. But the execution of this plan, formed by His Serene Highness, and which proves him a decided enemy to publicity and disagreeable exhibitions, and which would have terminated the affair in the most suitable manner, was delayed by His Serene Highness's appointing to meet His Royal Relations at Leipzig.

'During the stay of His Serene Highness in Leipzig, he received, to his greatest astonishment and justifiable displeasure, trough a courier despatched by the Privy Council, the official intelligence, that Mr. Schmidt-Phiseldeck had taken advantage of His Highness's absence, to escape clandestinely out of the country on foot and like the meanest criminal, and to flee to Hanover; this too, without any reason, and in direct breach of the oaths of allegiance he had taken, and after having acknowledged in the most unequivocal manner, by accepting the temporary allowance given him, the continuation of his obligation to the service of his Sovereign. His Serene Highness was thus made aware of his faithless servant's having condemned himself and his actions irrevocably, before posterity, and the Duke had more reasons than one to regret, that Mr. Schmidt-Phiseldeck had frustrated the good intentions of His Highness towards him by this disgrace-

ful conduct, and thus put it out of his power to act
in a manner that he had hoped would prove satisfactory to a hitherto friendly power. His Serene Highness, according to his custom of adopting the mildest
measures, and wishing to avoid any proceeding likely
to be disagreeable to His Britannic Majesty, caused
Mr. Schmidt to be officially cited to return to Brunswick, with the addition that he would be proceeded
against in the severest possible manner, should this
citation remain uncomplied with. Mr. Schmidt thought
proper to treat this citation with contempt, and to
declare both verbally and in writing, that he would
not return to Brunswick under any conditions, and
by this declaration has proclaimed himself guilty of
the crimes of a breach of his oaths of allegiance, and
of contempt of his Sovereign.

M. Schmidt-Phiseldeck in his written answer to the
Ducal Privy Council, has not hesitated to declare on
his former oath of allegiance, that he has delivered up
all documents and papers — that he holds himself responsible to the tutelar government alone for all his
negociations with that government, and that he has
destroyed his personal and confidential communications to that body; that is to say, the most important
documents and the soul of all past transactions. It
will be acknowledged, that a more ample confession of
guilt could not be made, an that an open contempt
of the rules of all service, of duty and legal responsibility could not be avowed with greater effrontery.
His Serene Highness received, on his return to Brunswick, a detailed account of all that had passed, and

could not refuse to comply with the application of the police for liberty to publish letters of outlawry against M. Schmidt, and particularly as the application on the part of those authorities was occasioned by the report in general circulation, that M. Schmidt had left Hanover secretly and gone to his brother at Copenhagen. This report seemed the more creditable, that it could not reasonably be supposed, a subject and responsible servant of the dutchy of Brunswick, who had secretly fled from the country, would be taken under the protection of the Hanoverian government. His Serene Highness, however, found himself but too severely deceived in his ideas of the reciprocal duties of states, but especially of those that should subsist between reigning houses nearly related.

The ministerial cabinet of Hanover has not only declared in the most decided manner in an official publication, that M. Schmidt-Phiseldeck is under their protection, and will continue so, and his appointment to an office in that service — followed without farther ceremony on the arrival of an order to that effect, from His Majesty the King of Great Britain.

This openly hostile conduct on the part of the Hanoverian government, the intention manifested by all it has hitherto done to observe none of those forms, by which alone a good understanding can be preserved between neighbouring states, has placed His Serene Highness under the necessity of returning measure for measure. With this view, there can be now no reason why the legal proceedings against M. Schmidt-Phiseldeck made necessary by these transactions, should not take their course. For the same reason His Serene Highness has found himself obliged to stop the farther payment of the pension, surreptitiously obtained by Schmidt, for the Kammerherr von Linsingen. The letters of credence too, conferred on the Legation Bath Rheinfelder at Vienna by the court of Brunswick have been recalled, and this step has become more necessary since a highly suspicious correspondence in cypher between that gentleman and the Privy Council has been lately discovered among the state-papers.

His Serene Highness, in full confidence in his own rights, has thought it necessary to proclaim to his subjects, that he intends only to acknowledge the institutions and ordinances of the tutelar government established during His Highness's minority, in so far as they leave untouched his property and rights as Sovereign. Those of the period between the 30th October. 1822, and the same date 1823, during which time His Serene Highness was "de jure" of age, the Duke will only acknowledge in so far as he shall be pleased specially to ratify them. Finally, His Serene Highness will be obliged to raise loud and public complaints against the many acts of injustice committed against him during his minority, and against the losses he has suffered in consequence, as well as against the prolongation of the tutelar government.

These misunderstandings with their immediate and future consequences, whatever they may be, must not be considered as brought about by His Serene High-

ness in the most distant manner. Count Münster alone
has sought to occasion a breach between two hitherto
friendly states, and has but too distinctly expressed
that wish, by not only taking under Hanoverian protection, without any hesitation, a subject and responsible servant of the Dutchy of Brunswick, but by even
appointing him to an important office in that service.

Anlage, No. IV.

———————————

Die Lehre von der 25jährigen Majorennität gründet wohl bestimmt in Deutschland sich allein auf das Römische Recht, da nach ältern deutschen Gesetzen solche weit früher eintrat.

Die Meinung, daß sie erst durch die Reichs=Polizey= Ordnung von 1548 allgemein und auch für die Reichs= Stände gesetzliche Gültigkeit erhalten habe, hat eine Wahr= scheinlichkeit, wenigstens ist das später vom Reichs=Hofrath unbedingt als Reichsgesetzmäßige Zeit der Volljährigkeit an= genommene 25ste Jahr nie vorher als solche betrachtet wor= den. Früher war vielmehr gewiß in den meisten Fürstlichen Häusern, und namentlich im Braunschweigischen, das 18te Jahr hergebracht, wie denn z. B. dieses als Volljährigkeits= Termin von Friedrich dem Frommen 1477, für seine Enkel bestimmt wurde.

Auch in dem zwischen den beiden Brüdern Heinrich dem Jüngern und Wilhelm aus dem nachdem erloschenen mittlern Hause Braunschweig 1535 errichteten — unter dem Nahmen Pactum Henrico-Wilhelminum bekannten Vertrage, der das Recht der Erstgeburt für diese Linie

festsetzen sollte, wird der alten Observanz gemäß, bey Ge=
legenheit der Bestimmung, daß jeder volljährige Prinz
denselben erneuern sollte, das 18te als vollkommenes Jahr
und Alter angenommen.

Dagegen setzte Herzog Julius, Sohn und Nachfolger
des einen jener Paciscenten 1582 in seinem Testamente,
worin er obigen Vertrag bestätigte, und auch auf die anfal=
lenden Länder das Erstgeburts = Recht ausdehnte, die Voll=
jährigkeit seines ältesten zur alleinigen Erbfolge bestimmten
Sohns, ganz nach Römischem Rechte auf das vollendete
25ste Jahr.

Das Pactum Henrico-Wilhelminum war als Haus=
gesetz von der gesammten Landschaft mit unterschrieben und
von Kaiser Karl dem 5ten im Jahr 1539 bestätigt worden.
Herzog Julius bewürkte 1582 vom Kaiser Rudolph dem
2ten für dasselbe eine erneuerte, und für sein Testament
zugleich eine zweite Bestätigung. Beide wurden hierdurch
wahre Hausgesetze dieser mittlern Braunschweigischen Linie,
und sicherten dem Erstgebohrnen die alleinige Erbfolge, das
ältere in die Neben = Stammländer, das neuere auch in die
künftig noch anfallenden, namentlich in die Länder der Ca=
lenbergischen Linie, deren Aussterben noch Herzog Julius
erlebte.

Ihnen gemäß folgten auch in beide ihm sein ältester
Sohn Heinrich Julius, und diesem dessen Erstgebohrner
Friedrich Ulrich allein und mit Ausschluß der Nachgebohrnen,
traten jedoch der erstere mit 24½, der letztere mit 22¼ Jahre
die Regierung selbst an, ohne daß auch bey diesem, dem
doch 2¼ Jahre an der im Testament bestimmten Volljährig=

keit fehlte, eine Spur von erfolgter Venia aetatis sich findet.

Mit Friedrich Ulrich erlosch 1634 das mittlere Haus Braunschweig und seine Länder fielen an das Haus Lüneburg. Dieses hatte 1546 sich in die noch blühenden beiden Durchlauchtigen Linien vertheilt. In beiden kommen seitdem Minderjährigkeiten vor, und es erhellet ziemlich deutlich, daß das 25ste Jahr, oder doch ein Späteres als das 18te als Volljährigkeits-Alter angenommen wurde.

Herzog August von der Dannenbergischen Linie, nachmaliger Stifter des jetzigen Hauses Braunschweig, wurde 1598, 19 Jahre alt, nach einem Briefe seiner Mutter für noch minderjährig gehalten, und von dieser aufgefordert, einen Verwandten zu benennen, den er sich zum Curator wünsche.

Herzog Georg von Lüneburg, Stifter des Hauses Hannover, ernannte in seinem Testamente 1641, sieben Jahre nachdem er mit der Dannenbergischen Linie, der Braunschweigischen succedirt hatte, für seinen ältesten 19jährigen Sohn, als der sein völliges voigtbares Alter noch nicht erreicht hatte, einen Curator.

Herzog August, nachdem er in der Theilung mit dem Hause Lüneburg das Fürstenthum Wolfenbüttel erhalten hatte, bestätigte in den der Landschaft 1636 ausgestellten Reversalien das Jus primogeniturae, immaßen der 1535jährige Vertrag und Herzog Julius vom Kaiser confirmirtes Testament in diesem § ausweiset.

Durch diese Bestätigung wurden die beiden Hausgesetze

der ausgestorbenen Linie in gleicher Art verbindend für die
neuere, und hiemit die Rechte der Erstgeburt die in denselben
bis dahin, in der Lüneburgischen später noch nicht eingeführt
waren, in dem von ihm gestifteten neuen Hause Braun=
schweig gesetzlich.

Die Absicht des Herzogs August konnte dabey wohl nur
auf dieses Erstgeburts = Recht, nicht auf Aufstellung eines
frühern Majorennitäts = Termines, als er in seinem Hause
gewöhnlich war, gehen, da wenn ein solcher im abgestorbenen
mittleren Hause Braunschweig durch besonderes Kaiserliches
Privilegium bestanden hätte, nach damaligen Begriffen
dieses für erloschen, eine Erneuerung desselben für die succe=
dirende Linie für nothwendig gehalten wäre.

Die Nachfolger des Herzogs August, seine Söhne Ru=
dolph August und Anton Ulrich, seine Enkel August Wil=
helm, Ludwig Rudolph und Ferdinand Albrecht, des letztern
Sohn Carl und Enkel Carl Wilhelm Ferdinand, die nach=
einander nach dem Erstgeburts=Recht zur Regierung kamen,
haben alle beym Antritt derselben, in den der Landschaft
ausgestellten Reversalien beide Hausgesetze namentlich bestä=
tigt; nur allein in den vom Herzoge Carl 1770 ausgefer=
tigten Landschaftlichen Privilegien wird bey der Zusicherung
des Erstgeburts=Rechts nur allein das Pactum Henrico-
Wilhelminum und nicht das Testament des Herzoges Ju=
lius genannt.

Nach dem mit Hinterlassung von Minderjährigen 1687
erfolgten Tode des Herzogs Ferdinand Albrecht von Bevern
wurden seine Wittwe und seine beiden Brüder zu Vormün=
dern bestellt, jedoch vom Reichs = Cammer=Gericht erst 1696

bestätigt, wo die beiden ältesten Kinder das 18te Jahr bereits überschritten hatten, ohne daß es sich findet, daß sie als volljährig von der Curatel ausgenommen wären. Eben so wenig aber ergiebt es sich, wie lange diese gedauert habe.

Beym Absterben des Herzogs Ferdinand Albrecht 1735 war dessen ihm succedirender Erbprinz 22 Jahr alt, aber abwesend bey der alliirten Armee am Rhein. Das Ministerium hielt für rathsam, unverzüglich beym Kaiser, jedoch mit Berufung auf die im Fürstlichen Hause herkömmliche frühere Majorennität, um Venia aetatis eventuel nachzusuchen. Diese wurde auch auf den Bericht des Reichs-Hofraths, worin jenes Herkommen nicht zugestanden wird, sogleich bewilligt, aber wie es scheint, hier nicht bekannt gemacht, sondern die Regierung vom neuen Herzoge Carl ohne weiteres angetreten.

In dem gleichzeitig der Frau Mutter ausgefertigten Tutorium werden der älteste 21jährige, damals in Rußland sich aufhaltende Prinz, und die älteste neunzehnjährige vermählte Princessin nicht, und nur die jüngern Kinder sämmtlich unter 18 Jahren benannt. Die Dauer der Vormundschaft ist nicht bekannt.

Der Herzog Carl hat 1765 in einem zu den Acten gelegten Pro Memoria erklärt, daß die Volljährigkeits-Erklärung in seiner Abwesenheit, und um so mehr wider seinen Willen nachgesucht sey, da er damals bereits majorenn gewesen, und daß, obgleich man die Acten vom Kaiserlichen Hofe nicht habe zurück erhalten können, dem Fürstlichen Hause daraus kein Präjudiz erwachsen dürfe. Während seiner Regierung starb 1746 Herzog Ernst Ferdinand von

Bevern. Die Vormundschaft, von deren Ausdehnung auf alle Kinder unter 25 Jahren anfänglich die Rede war, wurde vom Herzoge der Fürstlichen Wittwe und dem ältesten dreißigjährigen Prinzen nur über die jüngsten beiden Kinder unter 18 Jahren übertragen, davon aber bei den Reichsgerichten keine Anzeige gemacht.

Der Herzog Friedrich Wilhelm hat in seinem in England gemachten Testament — über die Majorennität seiner Herren Söhne nichts bestimmt, und nur den Wunsch ausgedrückt, daß sie nach Vollendung ihrer ersten Erziehung, worin er die Erlangung des 16ten oder 20sten Jahrs rechne, nach Deutschland geschickt werden mögen, um unter Aufsicht Ihrer Frau Großmutter Ihre erste Erziehung zu vollenden. Braunschweig, den 24sten Februar, 1821.

Gr. Alvensleben.

Einige Bemerkungen über die Dauer der Vormundschaft und den Termin der Volljährigkeit in dem Durchlauchtigsten Hause Braunschweig=Lüneburg.

Bei der Königlichen und ehemaligen Chur = Linie dieses Hauses gelten die Englischen Reichsgesetze und die güldene Bulle als die gesetzlichen Normen; sie können aber nicht bey der Wolfenbüttelschen Linie dieses Hauses als solche angesehen werden, sondern man muß bey diesen zu andern Quellen des Rechts seine Zuflucht nehmen. Und da ergiebt es sich sehr bald, daß hier die größte Ungewißheit herrscht: denn die genaueste Forschung der Geschichte dieses Hauses thut dar, daß weder über das vogtbare Alter der Fürsten, noch über den Regierungs=Antritt derselben irgend eine verbindliche gesetzliche Bestimmung vorhanden ist. Weder durch allgemein angenommenes Sächsisches oder Römisches Recht, noch durch Hausgesetze, Verträge mit den Landschaften, Pactis Successoriis mit andern Häusern, noch durch das Herkommen, ist irgend etwas über die Dauer der Vormund-

schaft und das Jahr der zu erlangenden Volljährigkeit festgesetzt worden.

Weißmann behauptete in seiner Dissertation de feudis
Brunsvicensibus

" Quae (majorennitas) ratione Ducatus post annum
" 25., ratione Electoratus vero post annum 18.
" completum perfecta est. "

Hiermit war aber sein Praeses Leyser nicht einverstanden,
und neigte sich zu der Meinung des Engelbrecht, das 18te
Jahr als das Jahr der zu erlangenden Volljährigkeit anzunehmen, wenn er gleich auch hiegegen einige Zweifel vor-
brachte.

Moser, N. Staatsrecht. T. XIII. p. 570. — (Persönliches
Staatsrecht. Th. I.)

Nur allein in den testamentarischen Verfügungen
einiger Herzoge finden sich hierüber Bestimmungen. Da
aber diese zu verschiedenen Zeiten und nach sehr verschiedenen
Grundsätzen ihren Willen erklärt, so ist gar keine allgemein-
gültige bestimmte gesetzliche Norm für die Volljährigkeit daraus erwachsen, wie die folgende Geschichtserzählung sattsam
ergeben wird:

§ 1.

Das erste Beispiel einer testamentarisch angeordneten
Vormundschaft und Bestimmung der Volljährigkeit findet
sich in dem Testamente Herzogs Friedrich des Frommen von
Lüneburg, vom Jahre 1477. Herzog Friedrich hatte im

Jahre 1459 die Regierung niedergelegt, war aus Andacht in ein Franciskanerkloster gegangen, und hatte seinem Sohn Bernhard Land und Leute übergeben. Nach dessen unbeerbtem Abgange schon im Jahre 1464 war die Regierung auf den zweiten Sohn, Otto den Großmüthigen, übergegangen; aber auch dieser lebte nicht lange und starb schon 1471, mit Hinterlassung eines einzigen dreijährigen Sohnes. Nun mußte der Großvater wohl die Regierung wieder übernehmen; wie er aber, 1477, merkte, daß sein Ende nahte, so sah er sich genöthigt, für die Regierung des Landes zu sorgen, da sein Enkel Heinrich erst neun Jahre alt war. In seinem Testamente verordnet er daher nun folgendes:

„ Unde wann unses Sones Son, Hertoge Hinrick, achteyn
„ Jar alt geworden ist, denn und nich ehr, willen wy
„ ome das Regiment unser Land und Lüde befalen, und
„ to unser Stad und flote Winßen an der Luhe, na Lude
„ und Innholde der Verdracht, da wy denn darup ma-
„ kende werden, staden und kommen laten. Würde se
„ ok na Willen des Allmechtigen Godes, dat wy vor
„ demselben unses Sones Son, ehe he to sodenn vorge-
„ screvenen namliken achteyn Jar gekommen wäre, van
„ Dodeswegen affgingen, so gewen und setten wy ome
„ —— to rechten waren Vormündern unse getrewen
„ Rede unses Landes Lüneborg, alle Geistlik und Wert-
„ lick, und den Rad to Lüneborg — Und wenn He
„ dann achteyn Jar alt geworden wäre, scallen se om
„ to den vollen Regiment syner Lande und Lüde staden
„ und kommen laten, und ome den fort truweliken helpen
„ raden." — Rethmeyers Braunschweigisch-Lüneburgische
Chronik. T. II. p. 1318 und 1319. — Und J. J. Mosers gr. Staatsrecht. T. XVII. p. 358.

In dieser Disposition ist von keinem Herkommen, keiner gesetzlichen Bestimmung die Rede, sondern bloß die Sorge des wohldenkenden Großvaters für seinen unmündigen Großsohn hat die Willensmeinung dictirt. Fremden wollte der brave Fürst nicht die Vormundschaft anvertrauen; zu seiner Schwiegertochter scheint er kein Zutrauen gefaßt zu haben, auch ist sie bald in ein anderes Ehebündniß mit einem Grafen von Catzenellenbogen getreten. Vielmehr ernannte Herzog Friedrich seine Landstände und die Stadt Lüneburg zu Vormündern, die auch acht Jahre die Vormundschaft gut geführt haben. Wahrscheinlich hat aber der Herzog um so mehr das achtzehnte Jahr des jungen Fürsten zum Regierungsantritt desselben bestimmt, damit das Regiment nicht zu lange in den Händen der Landstände sich befinden möchte.

Merkwürdig ist es, daß in diesem Testamente nicht das 21ste Jahr als der Termin der Minorennität angenommen worden, obgleich damals das Sachsenrecht im Lüneburger Lande allgemein galt. Noch jetzt werden die Sächsischen Fürsten und die Fürsten von Anhalt erst nach vollendetem 21sten Jahre mündig.

§ 2.

Auf diesen Fall folgt sofort die Minorennität Herzog Erich II, aus dem mittleren Hause Braunschweig. Dieser folgte seinem Vater Herzog Erich I, anno 1540, als er zwölf Jahr alt war, unter der Vormundschaft seiner Mutter Elisabeth von Brandenburg, und trat 1546 selbstständig die Regierung an, als er das achtzehnte Jahr erreicht hatte. Spittler behauptet, daß seine Mutter vermöge des Testaments seines Vaters Herzog Erich I. Vormünderinn ihres Sohns geworden:

„ —— Und der Kraft des väterlichen Testaments, bis er
„ zu seinen Jahren komme, unter Vormundschaft seiner
„ Mutter bleiben soll." — Spittler Geschichte des Fürstenthums Hannover, T. I. p. 238.

Dieses Testament habe ich aber nirgends finden können.
Vielmehr sagt J. J. Moser:

„ Herzog Erich's des ältern Prinz, Erich der Jüngere,
„ wurde auf Verlangen der Landstände, unter
„ seiner Frau Mutter Elisabetha, gebohrnen Prinzessin
„ von Brandenburg, Vormundschaft erzogen." — J. J.
Mosers, T. Staatsrecht. T. XVII. p. 359.

Dieses bestätigt auch Rethmeyer in seiner Chronik, wenn
er sagt:

„ Herrn Herzoge Erich dem Jüngern, sind nach dessen
„ Herrn Vaters Tode zu Vormündern gesetzt worden,
„ Joachimus, Churfürst zu Brandenburg, und Philippus,
„ Landgraf zu Hessen, welche nebst der Frau Wittwen
„ Elisabeth gebohrnen Markgräfinn zu Brandenburg, anno
„ 1542, auf dem Landtage zu Pattensen, am Sonntage
„ Laetare, einen Landtags-Abschied bewilliget und ge-
„ schlossen." — Rethmeyers Chronik in den Zusätzen.
T. III. p. 1862.

Herzog Heinrich der Jüngere zu Wolfenbüttel nahm dieses

r fehr übel, und befchwerte fich deshalb in einem Aus=
reiben, de anno 1540, folgendermaßen:

" Zu dem, daß gedachte Unfers Bettern, Herzog Erich's
" feeliger, Gemahl gar keine Abminiftration hat, fondern
" Wir unfers jungen Bettern rechter legitimus Tutor
" und Bormünder, nächfter Agnat, Confeudatarius und
" Mitbelehnter feyn." — J. J. Mofer. l. c. pag. 359.

Die wahre Urfache, warum die Mutter von den Land=
iben zur Bormünderinn ernannt und der Agnat Herzog
inrich ausgefchloffen wurde, lag aber in der fehr gegrün=
:n Beforgniß der Proteftanten, daß der Katholifchge=
ite Herzog Heinrich, die von der Herzoginn fo eifrig be=
:bene Reformation hemmen würde. Hortleber fagt diefes
:brücflich:

" His Ducis Henrici rationibus susque deque ha-
" bitis, Erici Senioris Vidua, junioris mater, tu-
" torio nomine nihilosecius et suscepit et rexit
" Ducatum, quoad Filius ad moderandam Pro-
", vinciam per aetatem esset idoneus — idque ita
" cupientibus praecipuis Provinciae ordinibus,
" religionis Lutheranae conservandae ac proferen-
" dae gratia, cui Erici Vidua nomen suum dare
" coeperat, adhuc in rebus humanis agente ma-
" rito." — Hortleber, von den Urfachen des Teutfchen
Krieges. T. I. Cap. 15. pag. 447.

Diefe ganze Bormundfchaft, die in tumultuarifchen Zeiten
geftellt worden, kann daher aber auch nicht als ein Präce=
:s angeführt werden, welches zur Norm für künftige Fälle

angenommen werden könnte. Dieselbigen Ursachen, welche
die Mitvormundschaft Herzog Heinrichs des Jüngern entfernt
hatten, bewogen die Landstände und die Vormünderinn, die
den jungen Erich für einen echten Lutheraner hielten, ihm
bald, im achtzehnten Jahre seines Alters, Land und Leute
zum Regieren zu überlassen, weil sie glaubten, daß er kräf-
tiger die neue Religion vertheidigen würde. Wie sehr sich
der junge Herzog verstellte, schildert Büntings Chronik beim
Rethmeyer sehr gut. Wie bald wurden die Landstände
enttäuscht, und wie bald mußten sie es inne werden, wie
gefährlich es ist, einem jungen achtzehnjährigen Fürsten, der
keine edle Gesinnungen hat, Macht und Gewalt über Leib
und Leben seiner Unterthanen einzuräumen. Kaum ein
Jahr nach seinem Regierungsantritte war er katholisch geworden, in Kaiser Carl V. Dienste getreten und ward ein
Verfolger der Protestanten. Im neunzehnten Jahre seines
Alters ließ er seinen Lehrer, den Gehülfen seiner Mutter im
Reformationswerke, den berühmten Anton Corvinus, in
einen Kerker auf dem Calenberge werfen, in welchem der-
selbe sechs Jahre schmachtete, und seinen frühen Tod daher
holte. Sein ganzes folgendes Leben war ein Gewebe von
Unthaten, so daß seine Regierung zu den unglücklichsten
Perioden meines Vaterlandes gehört. — cf. Rethmeyers
Chronik, T. II. p. 804. ff.

§ 3.

Ohngefähr um diese Zeit entließ der Herzog Heinrich der
Jüngere seinen Bruder Wilhelm, den er zwölf Jahre in einer
ungerechten Haft gehalten, im Jahre 1535 aus dem Ge-
fängnisse, und nöthigte ihn zu einem Vergleiche, in welchem
Wilhelm für sich und seine Nachkommen dem Mitbesitze des

Herzogthums entsagte. In demselben war unter andern
versehen:

"Befügte es sich, daß in Zeit, wenn Uns Herzog Wilhelm
"oder Unsern Erben, die Verneuerung dieses Vertrags
"gebührt, alsdann sollen Unser unmündig Erben Vor-
"münde und Räthe auf Unsers Bruders und Seiner Liebden
"Erben Erfordern — sich verschreiben und verbürgen. —
"Daß sie davor seyn wollen und sollen wann Unsre un-
"mündige Erben ihre vollkommen Jahr und Alter, als
"achtzehn Jahr erlangen — daß alsdann Unsre Erben
"diesen Vertrag — vollziehen, erneuen, bestätigen und
"halten sollen und wollen."

Dieser Vertrag, den der jetzige Herzog von Braunschweig
in seinem famosen Placat vom 10ten May 1827, als Haus-
gesetz anführt, hat nie eine verbindliche Kraft gehabt, und
ist auch nie zur Würklichkeit gediehen, wenn er gleich von
Kaiser Carl V. bestätigt und von den Landständen anerkannt
worden. Denn

a. Herzog Wilhelm ist ohne Erben verstorben, so daß er
nie hat zur Ausführung kommen können.

b. War derselbe ein durch Gewalt abgedrungener Vertrag, wie die Vorstellung der Churfürsten von Sachsen,
Brandenburg, und der Fürsten von Pommern, Anhalt, Pfalz-
grafen Otto Heinrich, Landgrafen Philipp von Hessen, Herzogs Albrecht von Braunschweig, welche sie auch Kaiser Carl
V. auf dem Reichstage zu Regensburg 1545 eingereicht
haben, hinreichend darthut. — Rethmeyers Chronik, T. II.
p. 890.

c. Eigentlich ift auch in diefer Stelle nicht die Rede von der erlangten Majorennität, fondern allein von der Bes ftätigung diefer Urkunde, die auch ein Jüngling, der plenam pubertatem erlangt hat, ausftellen kann.

"Nisi forte quis putaverit, sic exaudienda esse tex-
"tus nostri verba, ut agentes annum decimum
"octavum Duces Brunsvigii, solummodo ad ac-
"tum confirmatorium transactionis hujus, plenae
"pubertatis sint censendi. Ad capessendum cla-
"vum Reipublicae non item. Quae restrictiva
"interpretatio, exemplo et autoritate juris non
"careret."

"Accursius in cap. 2. de pace tenenda et jur. firm.
"verbis a decimo octavo anno pp." — Hortleber
von den Urfachen des T. Krieges. Liv. iv. Cap. 31.
T. 1. p. 1627.

d. Dann wäre endlich diefer Vertrag fchon an fich für die Fürften aus dem jetzigen neuen Lüneburgifchen Haufe nicht obligatorifch, da er zwifchen Brüdern aus dem ausgeftorbes nen mittlern Haufe Braunfchweig gefchloffen worden war, ja felbft von den nachfolgenden Fürften diefes Haufes nicht für verbindlich geachtet, weil fchon Heinrich des Jüngern Sohn, Herzog Julius, diefer Difpofition vollkommen durch fein Teftament berogirt hat, und kann daher diefer Vertrag aus allen vorangeführten Urfachen nie als ein Familiengefetz angefehen werden.

§ 4.

o wie die Rechtsbegriffe in Teutfchland mehr Feftig-

keit durch Einführung des Kammergerichts und die allge=
meine Verbreitung des Römischen Rechts erhielten, so
wurden auch andre Ideen über Gesetzgebung, Administration
und Staatsrecht in den Köpfen der Fürsten geweckt, und
sie merkten bald, daß eine größere Reife des Verstandes,
und mehr Herrschaft über die Leidenschaften bei einem Re=
genten erfordert würden, als sich bei einem kaum dem Kin=
desalter entwachsenen Jünglinge von achtzehn Jahren er=
warten lassen. Da nun unsre Regenten durch keine Fami=
lienpacta noch Hausgesetze gebunden waren, so benutzte der
weise Herzog Julius diesen Umstand dahin, daß er ganz in
dem Sinne der Römischen Gesetzgebung in seinem Testament
von 1582 sagt:

1. " So verordnen Wir Unsre freundliche herzliebe
   " Gemahlinn als Tutricem et Curatricem Unsrer
   " fürstlichen Kinder, ꝛc. der Gestalt, daß sie

2. " so lange unser ältester Sohn und verordneter
   " regierender Herzog Heinrich Julius sein voll=
   " kommenes Alter, und zum wenigstens 25
   " Jahre nicht erlanget, und seine Studia nicht
   " completirt haben wird, die ganze fürstliche
   " Regierung haben und behalten, und Un=
   " sern Söhnen und Töchtern mütterlich und aufs
   " treulichste, und Besten ihrem höchsten Verstande
   " nach, fürstehen soll."

Herzog Heinrich Julius, gebohren den 15 October 1564,
trat am 12ten Juny 1589, also kurz vor dem vollendeten
25sten Jahre die Regierung an, nach der Verlesung des vä=
terlichen Testaments, welches er in allen Puncten und Clau=

feln anerkannte. Merkwürdig bleibt es immer, daß Herzog Julius in gedachtem Teſtamente den von ſeinem Vater Heinrich dem Jüngern geſchloſſenen Vertrag als gültig an=erkannt, und zwar weil er mit Zuſtimmung der Landſchaft geſchloſſen und von Kaiſer Carl V. confirmirt worden und die Untheilbarkeit des Fürſtenthums ſicherte, dennoch aber der Diſpoſition, wegen der Volljährigkeit, derogirte — ein Beweis, daß er dieſe Diſpoſition in Anſehung der Dauer der Tutel nicht bindend für ſich und ſeine Nachkommen hielt.

§ 5.

Herzog Franz Otto von Lüneburg, älteſter Sohn Her=zogs Ernſt des Bekenners, war erſt ſechzehn Jahr alt, als ſein Vater, 1546, ſtarb. Daher führten die Stände für ſämmtliche Kinder Herzogs Ernſt die Vormundſchaft, und zwar bis 1555, wo Herzog Franz Otto (deſſen Bruder Friedrich, 1543, bei Sievershauſen geblieben war) das 25ſte Jahr bereits erreicht hatte, und nun erſt die Regierung übernahm.

Moſers Staatsrecht, l. cit. p. 363; und Rethmeyers Chronik, T. II. p. 1369 und 1360.

§ 6.

Dieſelbigen Gründe, die Regierung nicht unerfahrnen Jünglingen zu überlaſſen, die Herzog Julius beſtimmt hatten, bewogen auch den Ahnherrn des durchlauchtigſten Hauſes Hannover, Herzog Georg, in ſeinem Teſtamente vom Jahre 1641, § 28, zu verordnen:

" Alldieweil aber Unsre junge Herrschaft allerdings ihr völ-
" liges vogtbares Alter nicht erreichet, ja theils annoch in
" ihrer ersten Kindheit constituiret und begriffen, so setzen,
" wollen und ordnen Wir, daß nach Unserm tödtlichen
" Abgang, Unser ältester Sohn, Herzog Christian Lud-
" wig — die Regierung antreten — auch in dessen Namen
" und zu desselbigen Behuf alles ohnverzüglich würklich
" ergreifen. — Es soll derselbige, welcher also die Regie-
" rung antreten wird, — ohne Rath und Vorwissen Unsrer
" herzlieben Gemahlinn — wie auch ohne Unser Cantzler
" und Räthe, insonderheit derer, die zu den Staatssachen
" gezogen und gebrauchet — nichts thun, verhängen noch
" vornehmen." — cf. Testaments Herzogs Georg, in
Rethmeyers Chronik. T. III. p. 1659.

Nun war zur Zeit des Testaments Herzog Georgs, Herzog Christian Ludwig schon neunzehn Jahr und zwei Monat
alt, und doch hielt der Vater dafür, daß er sein völliges
vogtbares Alter noch nicht erreicht habe, und sollte
daher die Mutter zu den Regierungshandlungen noch zuge-
zogen werden.

§ 7.

In der Wolfenbüttelschen Linie succedirte Herzog Carl,
1735, im Alter von 22 Jahren; seine Mutter ward aber
Vormünderinn der nachgebohrnen Geschwister, und als solche
vom Reichshofrath bestätigt. Von diesen hatten aber mehrere damals schon bereits das 18te Jahr ihres Alters überschritten.

J. J. Mosers Staatsrecht, l. cit. pag. 363.   Hübners
genealogische Tabellen, T. I. Tab. 190.

Anlage, No. VI.

———

Allerdurchlauchtigster Großmächtigster König,
Allergnädigster König und Herr!

Bei der bevorstehenden Beendigung Ew. Majestät Vormundschaftlichen Regierung des hiesigen Herzogthums, bessen segensreiche Erfolge alle hiesigen Landeseinwohner und
deren Nachkommen mit allerunterthänigster Dankbarkeit zu
verehren haben, haben Ew. Majestät uns noch die sehr angenehme Pflicht auferlegt, Höchstdenenselben in der Kürze
die Hauptmomente der zeither geführten Landesverwaltung
in einem kurzen Begriffe allerunterthänigst ins Gedächtniß zurückzurufen. Indem wir dieser Pflicht hierdurch die
schuldigste Folge leisten, sey es uns zuvor allergnädigst vergönnt, Ew. Majestät für das uns geschenkte allerhöchste
Vertrauen unsern ehrfurchtsvollsten Dank zu Füßen zu legen, indem dadurch beehrt, wir um so mehr ermuthigt wurden, die wohlthätigen Absichten Ew. Majestät nach unsern
geringen Kräften zu befördern, und, so viel an uns war,
ins Werk zu richten.

Herzog Friedrich Wilhelm, Höchstseligen Andenkens,
fand bei Seiner Rückkehr das Herzogthum, als einen Theil
eines ephemeren Königreichs, mithin alle früheren Institu-

tionen deſſelben und deſſen Verwaltung als die eines eigenen
Staats überall nicht vorhanden. Er war genöthigt, die
frühere Landesverwaltung und die Regierungsweiſe ſeiner
Durchlauchtigſten Vorfahren erſt wieder herzuſtellen, und
die verſchiedenen, unter abgeſonderten Verwaltungs = Behör=
den geſtandenen Theile des Herzogthums wieder zu einem
beſondern Staate von neuem zuſammen zu bilden. Zugleich
aber war Deutſchland noch in einem ſchweren Kriege mit
ſeinen bisherigen Bedrückern begriffen, an welchem der Her=
zog um ſo mehr thätigen Antheil zu nehmen ſich genöthigt
ſah, als es die gemeinſame Sache Deutſchlands galt, und er
darin für die Erhaltung des eben wieder erlangten Erbes ſei=
ner fürſtlichen Vorfahren mit zu ſtreiten hatte. Das Militair
mußte ganz von neuem geſchaffen werden, und es war zu
bewundern, daß der Herzog bereits im Frühjahre 1814
mit einem wohlgerüſteten Corps den ſiegenden hohen Alliir=
ten bis an Frankreichs Gränzen nachrücken konnte. Thäti=
gere Theilnahme am Kriege erſparte der eingetretene Friede,
deſſen kurze Dauer ſelbſt den zu Wien verſammelten Con=
greß der Europäiſchen Mächte überraſchte.

Aehnliches ahndend hatte der Herzog Bedenken getragen,
ſein zahlreiches Militair zu verabſchieden, und befand ſich
daher im Stande, mit einem verhältnißmäßig ſehr beträcht=
lichen Corps an dem wieder angefangenen Kampfe ſofort
thätigen Antheil zu nehmen, welchen auch ſein Corps rühm=
lich beſtand, der aber den Herzog ſelbſt als Opfer für die
Befreiung Deutſchlands hinwegnahm.

Begreiflich iſt es, daß in einer ſo kurzen und ſtürmiſchen
Zeit nicht alles geſchehen ſeyn konnte, was des Landes
Wohlfahrt erheiſchte, und daß der Herzog ſich außer Stande

befand, auf die innere Verbesserung des Landes, welches unter
der fremden Herrschaft in mehreren Theilen sehr zurückge-
kommen war, Verwendungen zu machen, welche die dringende Gefahr des Kriegs auf eine andere Weise in Anspruch
nahm, und daß überall die schweren Anstrengungen für diesen
Krieg die Kräfte des Landes dergestalt angegriffen hatten,
daß dessen finanzielle Staatswirthschaft nicht also geregelt
seyn konnte, wie in ruhigeren Zeiten es wäre zu hoffen
gewesen. Der nachfolgenden Regierung blieb demnach noch
vieles zu thun übrig, um das Herzogthum die Leiden der
frühern vergessen und es die wohlthätigen Folgen der wieder-
gekehrten Regierung seiner angestammten Fürsten genießen
zu lassen.

Dieses nachzuholen und zu befördern war Ew. Majestät
vorbehalten, indem Allerhöchstdieselben bei der damaligen
Minderjährigkeit des Durchlauchtigsten Herzogs Carl die
Vormundschaftliche Regierung hiesiger Lande durch das
Patent vom 18ten July 1815 zu übernehmen geruheten.

Der Justiz-Verfassung im Lande hatte Herzog Friedrich
Wilhelm bereits im Jahre 1814 diejenige provisorische
Form gegeben, nach welcher bis anjetzt dieselbe versehen
worden. Sie hat sich im Ganzen als gut bewährt, jedoch
konnte deren definitive und bleibende Einrichtung erst dann
geschehen, wenn zuvor die Frage, in wie fern die nicht ge-
schehene Herstellung der Patrimonial-Gerichte und des befrei-
ten Gerichtsstandes bleibend seyn, oder andere Einrichtungen
bewirken werde, auch in wie fern das nicht hergestellte Fürstliche Hof-Gericht auch ferner nicht wiederherzustellen seyn
werde, entschieden war. Diese Fragen mußten bis zur
Berathung mit den Landständen unentschieden bleiben und

haben anjetzt durch die Verordnungen vom 26sten März d. J. ihre Erledigung erhalten, durch welche nunmehr die Justiz-Verwaltung eine hoffentlich sehr auszeichnende Einrichtung erhalten wird, deren ungefährer Character der ist, daß Gerichte erster Instanz getrennt von der eigentlichen Verwaltung in den verschiedenen Landestheilen seyn, in zweiter Instanz nur von einem Gerichte Recht gesprochen wird, und von diesem wiederum in letzter Instanz noch eine Entscheidung vor dem Ober = Apellations = Gericht gesucht werden kann, welchem Ew. Majestät durch die Verbindung, in welche es gegen die Fürstenthümer Lippe, Waldeck und Schaumburg-Lippe im Jahre 1816 gesetzt worden, noch ein vermehrtes äußeres Ansehen und umfassendere Wirksamkeit beigelegt haben. Da nunmehr die zu bestellenden Districtsgerichte nicht mehr als Fürstliche Patrimonial = Gerichte für einzelne Aemter betrachtet werden können, und mit hinreichendem Personal versehen, ihnen das Ansehen Fürstlicher Rechts = Collegien nicht entstehen kann; so fiel damit der Wunsch und die Nothwendigkeit der Wiederherstellung der Privat = Patronat = Gerichte und des privilegirten Gerichtsstandes hinweg, und ist daraus der Vortheil entstanden, daß die Discussionen über diese so sehr verschiedenen Ansichten unterworfenen und so sehr verschieden beurtheilten Gegenstände im hiesigen Herzogthume völlig abgeschnitten und beseitigt sind.

Einer noch fehlenden vollständigen Hypotheken = Ordnung ist durch die Verordnung vom 26sten März d. J., die stillschweigenden Hypotheken betreffend, der Weg gebahnt worden, weil dadurch die Vorfrage entschieden ist, welche Forderungen in die Hypothekenbücher eingetragen werden müssen, und welche auch ohne solche Eintragung in Kraft sterben sollen. Auch ist durch die Verordnung von demselben Tage über die Konkurse für die Sicherheit der Gläubiger gegen Betrug und leichtsinniges Schuldenmachen thunlichst gesorgt worden.

Die öffentliche Sicherheit im Herzogthume ist, im Ganzen genommen, auf eine sehr genügende Weise erhalten worden; außer dem Eifer der betreffenden Behörden verdankt man dieses der sehr wesentlichen Unterstützung, welche dieselben durch die Husaren-Schwadron, vermöge der Verordnung vom 5ten Februar 1816, und die damit nach der Verordnung vom 4ten Juny 1818 in Verbindung gesetzten Fußjäger, erhalten haben: eine Institution, ähnlich den anjetzt in den meisten Staaten Teutschlands bestehenden Einrichtungen mit entsprechender Rücksicht auf die hiesige Localität, deren Nutzen durch den Erfolg sich immer mehr bewährt hat. Die bereits früher mit andern Nachbar-Staaten bestandenen Verhältnisse, wegen Auslieferung der Verbrecher, sind durch die am 5ten May 1823 bekannt gemachte desfallsige Convention mit Chur-Hessen noch vervollständigt worden.

Die innere Verwaltung ist ihrer Bestimmung gemäß von Fürstlicher Cammer, als Central-Behörde, besorgt worden. Unter derselben stehen die Oberhauptleute als obere Districts-Behörden, welchen bislang die Kreisgerichte in dieser Hinsicht unterworfen waren, wie dies künftig auch in Ansehung der einzurichtenden Kreisämter in Gefolge der Verordnungen vom 26sten März d. J. der Fall seyn wird, durch welche außerdem für die Polizei- und Gemeine-Verwaltung ergänzende Maßregeln vorgeschrieben sind, deren Zweckmäßigkeit die Erfahrung hoffentlich erfreulich bestätigen wird.

Neben der Sicherung des Eigenthums und der öffentlichen Wohlfahrt, ist die Fürsorge für die Erhaltung und das Emporkommen des Wohlstandes der Einzelnen der Gegenstand der Verwaltung gewesen. Schon im Anfange des Jahrs 1814 hatte Herzog Friedrich Wilhelm die aufgedrungenen fremden Rechte aufgehoben: es mangelten aber noch mehrere Bestimmungen über die Anwendbarkeit der fremden Rechte auf bürgerliche Verhältnisse. Ew. Majestät haben diesem Mangel durch die Verordnung vom 2ten Januar 1818 abgeholfen und dadurch zugleich sowohl den Staatsverwaltungs-Behörden als Corporationen und Gemeinen, so wie Privat-Personen, die Ausübung ihrer unter der fremden Herrschaft unterdrückten Rechte auf eine billige Weise hergestellt und gesichert. Daneben aber ist Ew. Majestät nicht entgangen, daß einzelne Gewerbe einer besondern Berücksichtigung bedurften. Die Anlegung neuer Mühlen in der westphälischen Zeit hatte dem Anscheine nach zur Beeinträchtigung wohlerworbener Rechte der ältern Müller Statt gefunden und zu sehr häufigen Klagen und Beschwerden derselben Veranlassung gegeben; daneben aber trat die Berücksichtigung ein, daß wohl nicht alle die neu errichteten Mühlen würklichen Rechten zuwider errichtet worden, daß daher das Verlangen derer Unterdrückung häufig nicht begründet und dem übrigen Theile der Landes-Einwohner deren Beibehaltung nöthig oder wünschenswerth seyn möchte. Durch die Verordnung vom 3ten October 1816 haben daher Ew. Majestät die Vorschriften ertheilen lassen, nach welchen die Untersuchung über deren Beibehaltung oder Unterdrückung, mit Berücksichtigung des öffentlichen Wohls sowohl als wohl begründeter Gerechtsame nach Anleitung der Landesgesetze von den richterlichen Behörden geschehen soll.

Die bislang beibehaltene Gewerbefreiheit konnte nicht füglich eher eine definitive Bestimmung erhalten, bis über die zeitgemäße Wiederherstellung der frühern Gilden und Zünfte mit den Landständen berathen war; nach den Gutachten denn Ew. Majestät auch für diesen Gegenstand durch die Gewerbe- und Gilde-Ordnung vom 29sten October 1821, angemessene Vorschriften ertheilt haben, und hat darnach eine solche Wiederherstellung der Zünfte und Gilden Statt gefunden, wie sie, ohne die Nachtheile der frühern Einrichtungen zu erneuern, hoffentlich nur zur bessern Aufnahme der Gewerbe dienen wird.

Die hiesigen sehr beträchtlichen Messen haben ohne Unterbrechung ihren guten Fortgang gehabt, und obwohl in den Nachbar-Staaten so manches geschehen ist, was denselben höchst nachtheilig werden sollte, und dessen Würkungen auch nicht ohne Einfluß blieben; so läßt sich doch nicht läugnen, daß solche, vermöge des einmal herrschenden Vertrauens in die hiesigen Einrichtungen, doch den Umständen nach zum Theil über Erwarten ausgefallen sind. Von Seiten der Verwaltung konnte dazu nur indirect durch schonende Behandlung der auswärtigen Besucher und thunlichste Erleichterung ihres Verkehrs gewirkt werden.

Ein Wunsch, vorzüglich der hiesigen Gutsbesitzer, Domainen-Pächter und sonst des dabei interessirten Theils des hiesigen Publici, war es, daß der wichtige Verkehr mit Wolle auch hier durch Verbindung eines Wollmarkts mit der hiesigen Sommer-Messe erleichtert werden möchte. Dem zufolge ist damit im gegenwärtigen Jahre der Versuch gemacht, und obwohl der Statt gehabte erste Wollmarkt nicht von großer Bedeutung war, auch als eine neue Einrichtung nicht füglich seyn konnte; so steht doch zu hoffen, daß derselbe, wenn anders die Conjuncturen sich nicht gegen den Wollhandel eben so ungünstig fügen sollten, wie sie demselben früher günstig waren, sich immer mehr heben und dem Lande sowohl als der hiesigen Stadt von Nutzen seyn werde.

Dem dem hiesigen Lande so besonders wichtigen Ackerbaue haben Ew. Majestät durch die Verordnungen über die Theilung der Gemeinheiten, die Schonung der Kleefelder und die Hütungstermine der Wiesen vom 26sten März d. J., besonders die erstere derselben sehr wesentliche Beförderung angedeihen lassen, und erwarten wir davon die ersprießlichsten Folgen in der nahen Zukunft wahrzunehmen, zugleich aber haben Allerhöchstdieselben den übertriebenen Ansprüchen und Beeinträchtigungen der Gerechtsame der Meierherren, von Seiten der Besitzer der Meierhöfe, billige und rechtlich begründete Schranken durch eine andere Verordnung von demselben Tage gesetzt.

Der öffentliche Unterricht ist, so viel es die Umstände erlaubt haben und im Ganzen genommen auf eine sehr wesentliche Weise befördert worden. Die Wiederherstellung der Universität Helmstedt schien bei dem geringen Umfange des Herzogthums und der Nähe von Göttingen nicht angemessen; dagegen sind die der Universität gewidmet gewesenen Fonds nicht nur zur Erhaltung der vom Herzoge Friedrich Wilhelm gestifteten Freitische zu Göttingen, sondern auch übrigens zur Verbesserung der Schulen und Unterrichtsanstalten im Lande dergestalt gewissenhaft verwandt worden, daß sie nicht einmal mit den übrigen Staats = Einnahmen zusammen, sondern besonders berechnet; außerdem aber auch aus den landesherrlichen Caſſen, besonders aus den dazu geeigneten Fonds der ſäcularisirten Stifter und Klöster beträchtliche Verwendungen dafür geschehen. Außer so manchen unterstützten und noch bleibend verbeſſerten Landschullehrern, führen wir nur alleruntertthänigst an, daß die Gehalte der Lehrer an den hiesigen beiden Gymnaſien ſo bestimmt worden, daß solche anjetzt wenigstens ein erträgliches Einkommen genießen, wogegen besonders das Martineum ſeinen Lehrern früher den nothdürftigsten Unterhalt kaum gewährte; daß das Gymnaſium zu Wolfenbüttel gleichfalls in derselben Hinsicht verbeſſert, den zu Holzminden und Blankenburg, wo es erforderlich war, nachgeholfen und das Gymnaſium zu Helmstädt fast ganz neu geschaffen und anjetzt zu einer für die ganze Umgegend sehr nützlichen und wichtigen Anstalt erhoben ist; daß die Industrie-Schule zu Blankenburg in ihrem guten Fortgange erhalten und eine solche neue zu Wolfenbüttel eingerichtet worden, und daß das Collegium Carolinum hieſelbst seinen guten Fortgang gehabt und seine Nützlichkeit, seiner Bestimmung zufolge, bewährt hat, und daß es, wenn nur ein paar wichtige Verluste von Lehrern an demselben gut wieder erſetzt ſeyn werden, unter den Anstalten der Art ſein früher genoſſenes gutes Anſehn noch ferner behaupten werde.

Wenn auch noch nicht allen Bedürfniſſen des Lehrstandes, besonders auf dem Lande vollständig hat abgeholfen werden können; so wird doch, wenn ferner auf dem bisherigen Wege fortgefahren wird, das Herzogthum Braunschweig auch hierin einen Vorschritt vor vielen andern Staaten behaupten.

Die zum Theil zu kärglich ausgemessenen Besoldungen landesherrlicher Diener sind bei sich darbietender Veranlassung, oder wo es sonst die Nothwendigkeit erforderte, gegen die früheren Bestimmungen, welche zu einer Zeit geschehen waren, wo die Furcht vor der Rückkehr des vertriebenen Feindes alle Geldquellen in Anspruch nahm, auf eine angemessene Weise verbessert, und dadurch auch der Eifer der im Ganzen genommen sehr lobenswürdigen, geschäftseifrigen und sachkundigen hiesigen Dienerschaft ermunternd belebt worden.

In einem sehr großen Verfall waren während der kriegerischen Vorzeit die sämmtlichen für das Gewerbe jeder Art durch erleichterte Communication so sehr wichtigen Chausseen gerathen. Eine besondere Sorgfalt ist daher deren Wiederherstellung gewidmet, und mit großen Kosten erreicht worden, daß sie anjetzt zu den bessern in hiesiger Gegend wieder gezählt werden können. Die Verordnung vom 26sten; März d. J. über die Grundsätze, welche bei Abtretung von Eigenthum und Material zum Behuf der Chausseen Statt finden sollen, so wie die unter demselben dato verfügte Herabsetzung des Chaussee-Geldes für Fuhrwerk mit breiten Rädern, werden die Erleichterung des Anbaues der Chausseen und deren Conservation ohne Zweifel noch mehr befördern.

Auch die bereits angefangen gewesenen öffentlichen Anlagen, besonders um die hiesige Stadt, sind fortgesetzt, und anjetzt zu einem hohen Grade der Schönheit vollendet, die Thore um die Stadt, nebst dazu gehörigen Brücken, mit großen Kosten fast sämmtlich neu vorgerichtet; außerdem ein paar wichtige und kostspielige Schleusenbauten in dem die Stadt umfließenden Wasser beendigt, und nachdem sol-

13 *

dergestalt die Umgebung der hiesigen Stadt so ziemlich ganz zur Vollkommenheit gebracht worden, mit der schon vor vielen Jahren angefangen und darauf liegen gebliebenen Abtragung der Festungswerke in Wolfenbüttel wieder angefangen und damit die Abhelfung eines lange gefühlten und wesentlichen Bedürfnisses, nämlich einer vollständigen Anstalt für Gefangene in Verbindung gesetzt, welche mit Benutzung des alten dort vorhandenen Locals, dasselbe dem Bedürfnisse gemäß erweitert, und Einrichtungen erhalten wird, welche zur Besserung und nützlichen Beschäftigung der Gefangenen wesentlich abzwecken. Mit den deshalb erforderlichen Bauten ist bereits der Anfang gemacht und bis jetzt fortgefahren.

Außerdem ist das Straßenpflaster zu Braunschweig, und die damit in Verbindung stehenden Canäle, mit bedeutenden Kosten aus einem fast ganz verfallenen Zustande erneuert, und in den wichtigern Straßen vollkommen hergestellt.

Die Gebäude auf den landesherrlichen Domainen und sonstigen Besitzungen und Eigenthume waren, weil in sehr langer Zeit sehr wenig darauf verwandt worden, in einen hohen Grad von Verfall gerathen. Es mußte daher, sollte nicht deren Verfall immer weiter um sich greifen, und demnach für die Folgezeit zu einer unerträglichen Last werden, auf deren Instandsetzung so viel verwandt werden, als nur irgend mit Berücksichtigung der Lage der landesherrlichen Cassen und der Möglichkeit der Beschaffung durch das vorhandene Personal geschehen konnte. Einzelne Unglücksfälle, wie der Brand des Geheimen = Canzlei = Gebäudes und des Amts Stiege im Blankenburgischen, vermehrten die Anzahl der dringenden Baugegenstände; das letzterwähnte Amt hat dadurch auch für die Folge gewonnen, indem es sehr unbequem und zweckwidrig auf dem Berge bei Stiege gelegen, anjetzt unmittelbar auf einer mit Aeckern zusammenhängenden Fläche neu und dergestalt wieder erbauet worden, daß es in ökonomischer Hinsicht wohl wenig zu wünschen übrig lassen möchte. Endlich ist das ganz verfallene Orangerie = Gebäude im Fürstlichen Schloßgarten, so wie das völlig abgängige Reithaus, unfern des hiesigen Schlosses, anjetzt von Grund auf neu erbauet worden, dergestalt, daß beide bei der Ankunft des Durchlauchtigsten Herzogs zu Höchstdessen Gebrauche fertig seyn werden.

Durch die Rectificirung des Laufes einiger Gewässer, besonders der Schunter, ist den angrenzenden Besitzungen ein hoffentlich langdauernder Vortheil gestiftet.

Weniger vernachlässiget als die Domainen waren die wichtigen Forsten. Schon in der Westphälischen Zeit hatte man eingesehen, daß wenn nicht der Nachwelt ein unersetzlicher Schaden geschehen solle, die Forstkultur nicht länger, wie früher, bloß dem Zufalle mit einzelnen wenigen Nachhülfen überlassen bleiben, sondern dieselbe von Seiten der Staats = Verwaltung ernstlich befördert werden müsse. Es war daher für dieselbe schon damals manches geschehen. Inzwischen fehlte es im Herzogthume an einer solchen Uebersicht der Forsten und deren Bestandes, um darauf mit Sicherheit auf den nachhaltigen Ertrag und die jährliche Haubarkeit, so wie die Mittel, welche den Ertrag nachhaltig zusichern, anzuwenden seyen, richtige Schlüsse bauen zu können. Eine solche Uebersicht zu verschaffen, mithin sämmtliche Forsten nach bewährten wirthschaftlichen Grundsätzen zu veranschlagen, wurde eine eigene Forst = Taxations = Commission ernannt, welche anjetzt schon weit vorgerückt ist, und nach deren zuvor noch reiflich geprüften Gutachten anjetzt, so wohl bei den Hauungen als den Kulturen, verfahren wird. Bei der dadurch gewonnenen Uebersicht der Forsten aber hat sich denn auch um so mehr ergeben, wie viel noch zu thun übrig bleibt, um die hiesigen Forsten zu dem Grade einer blühenden Kultur zu bringen, dessen sie fähig sind, und welcher nothwendig ist, um der Nachwelt den Bedarf an Feuerungsmaterial zu sichern, und deshalb ist auch auf diesen Zweig der Verbesserung des Staatseigenthums so viel verwandt worden, als die Nothwendigkeit erforderte und der Zustand der Cassen erlaubte.

Um inzwischen wenigstens bis dahin keinen Mangel an Feuerungs = Material eintreten zu lassen, und die zu einer übertriebenen Höhe gestiegenen Holzpreise in Braunschweig und dessen Gegend herabzudrücken, wurden auf den Gewinn von Torf und Stein = auch Braun = Kohlen besondere Sorgfalt verwandt, und dahin gewirkt, daß das Publikum sich an deren Gebrauch mehr als früher gewöhnen möchte. In Ansehung des Torfes, so wie der bedeutenden Erniedrigung der Holzpreise, ist dieses vollkommen gelungen. Auch auf Braunkohlen wird in der Gegend von Helmstedt mit einigem Erfolg gebauet, aber sie sind noch nicht von der Güte befunden worden, als wohl zu wünschen wäre. Die unter Ew. Majestät Genehmigung deshalb mit den Landständen verabredeten Bestimmungen über die Regalität der Stein= und Braun = Kohlen wird auch hoffentlich für die fernern Fortschritte dieses Zweiges der Bergmännischen Ausbeute von wesentlichen Folgen seyn, obwohl nach den bisherigen Erfahrungen es zweifelhaft scheint, ob wirkliche Steinkohlen innerhalb der Grenzen des Herzogthums in bauwürdiger Menge werden gefunden werden.

Der Bergwerksbetrieb war von jeher ein wichtiger Gegenstand des Erwerbes und der Ernährung der am Fuße
des Harzes gelegenen Gegenden des hiesigen Landes; auch
ist auf denselben stets eine besondere Rücksicht genommen
worden. Besonders wichtig sind die Eisenbergwerke im
Blankenburgischen und an der Weser, nicht so sehr ihres
würklichen Ueberschusses halber, als weil sie größten Theils
die Bewohner jener sonst armen Gegenden ernähren. Das
rohe Product aber ist nicht mehr, wie wohl früher, ein Gegenstand des Verkehrs, indem das Ausland sein Bedürfniß
anjetzt größtentheils aus den eigenen Werken beziehet. Soll
daher der Ertrag der Berg- und Hütten-Werke nicht gänzlich darniedersinken und will man einigen Absatz in das
Ausland behalten; so muß nothwendig auf die Verfeinerung
des Products und auf dessen bessere Bearbeitung gesehen
werden. Deshalb ist auch auf die Hüttenwerke und Eisen-
gießereien eine gedoppelte Aufmerksamkeit verwendet worden,
und auch die Kosten nicht gescheuet, welche erforderlich waren,
um diesen Betriebzweig zu heben. Es ist dies auch in einem
recht guten Maße bis jetzt gelungen, und die Gießereien zu
Zorge und Rübeland weteifern mit den besten des Auslandes,
und haben durch ein dort gearbeitetes, von einer Privat-Ge-
sellschaft veranlaßtes und innerhalb der hiesigen Stadt-Um-
gebungen aufgestelltes Denkmal der verewigten Herzoge Carl
Wilhelm Ferdinand und Friedrich Wilhelm ein ehrenvolles
Zeugniß davon, was sie leisten können, abgelegt. Wenn
demnach in den letztern Jahren der baare Geld-Ertrag der
Bergwerks-Verwaltung zurückgefallen ist, so ist dies nicht
der Ungeschicklichkeit oder Sorglosigkeit der hiesigen Verwaltung, deren Kenntnissen und Eifer für die Sache wir nur ein
rühmliches Zeugniß beilegen können, sondern dem Umstande

zuzuschreiben, daß durch das in einigen benachbarten Staaten angenommene Jnsolirungs = System der Absatz der Berg- und Hütten = Producte in das Ausland ganz außerordentlich erschwert worden.

Eine ganz besondere Rücksicht erforderte der Zustand des hiesigen Militairs. In der Zeit des allgemeinen Kampfes für Deutschlands Befreiung war das hiesige Truppen = Corps zu einer verhältnißmäßig sehr hohen Anzahl gebracht worden, und hat in dem Feldzuge vom Jahre 1815 ehrenvoll gestritten. Nach der Rückkehr, im Jahre 1816, wurde dasselbe auf diejenige Anzahl zurückgesetzt, welche den Kräften des hiesigen Landes angemessen erschien, und nachdem die Bundestagsbeschlüsse das Contingent und dessen innere Eintheilung näher bestimmt hatten, haben Ew. Majestät auch diese Eintheilung, so wie die Beurlaubung in deren Gemäßheit hieselbst einführen lassen.

Nur in Ansehung der Cavallerie existirt bislang eigentlich nur ein Cadre durch die im innern Landes = Dienste beschäftigte Husaren = Schwadron, theils weil bis jetzt ein Mehreres für den Dienst nicht erforderlich war, und es immer noch erwartet wurde, es werden auf die von manchen Seiten gegen die Stellung einer so theuren Waffe in dem projectirten Verhältnisse erhobenen Reclamationen noch ermäßigende Bestimmungen für die mindermächtigen Bundes = Staaten eintreten, theils aber auch, weil durch die Verhältnisse eine so große Zahl an übercompleten Officieren und zu pensionirenden andern Militair = Personen vorhanden war, daß dadurch der gegenwärtige Militair = Etat noch immer in pecuniairer Hinsicht sehr hoch zu stehen kommt, und es daher wünschenswerth erschien, ohne die äußerste Noth eine Mehr-

ausgabe darin nicht eintreten zu laſſen, wenigſtens nicht
eher, bis die gegenwärtigen Militair-Ausgaben ſich im Laufe
der Zeit merklich würden vermindert haben.

Uebrigens iſt es wohl allgemein anerkannt, daß die von
Ew. Majeſtät verfügte Reduction des Militairs mit einer
ſo großen Milde geſchehen iſt, wie wohl in wenig andern
Staaten der Fall geweſen ſeyn möchte; auch haben Ew.
Majeſtät die Verdienſte des hieſigen Truppen-Corps durch
die unterm 11ten Junius 1818 demſelben verliehene Ehren-
Medaille, ſo wie durch Verleihung Höchſtdero Guelphen-
Ordens an die in der Schlacht von Waterloo commandi-
renden Officiere anzuerkennen allergnädigſt geruhet.

Die bei dem Hinwegfallen freiwilliger Werbung erforderliche Beſtimmung, in wie fern die hieſigen Landes-Einwohner zum Militair-Dienſte berufen ſind, iſt durch das
Canton-Reglement vom 30ſten Junius 1821 erfolgt, und
ſeitdem auch in Wirkſamkeit geſetzt, und danach verfahren
worden: und durch die Verordnungen vom 29ſten October
1821, die Kriegs-Artikel und die Militair-Strafen betreffend, eine ſolche Geſetzgebung für dieſen Stand eingetreten,
welche deſſen jetzigem ehrenvollen Standpuncte angemeſſen iſt.
Gegen Deſertionen einzelner unwürdiger Subjecte aber iſt
durch die mit Hannover, Preußen und Chur-Heſſen abge-
ſchloſſenen und unterm 30ſten März, 4ten May und 15ten
Junius 1819 publicirten Cartel-Conventionen geſorgt worden, wie denn auch für die unvermeiblichen Durchmärſche
Preußiſcher Truppen, Wolfenbüttel zum Etappen-Orte beſtimmt und über das deshalb erforderliche, ſo wie die von
Preußen dafür zu leiſtenden Vergütungen eine untern 30ſten
Junius 1818 publicirte Convention abgeſchloſſen, zugleich

Dessen versprochene terminliche Rückzahlung inne gehalten werden mußte. So überraschte der ehrenvolle Tod den Herzog, und Ew. Majestät vormundschaftlicher Fürsorge war es vorbehalten, diese hohe Zerrüttung des hiesigen Finanzwesens zu heben. Vor allen Dingen mußte die Liquidation der hiesigen Landes = Schulden geschehen, und diese wurde durch die Verordnung vom 4ten December 1815 verfügt. So wie das Geschäft vorrückte, wurden die laufenden Zinsen der liquidirten Capitale bezahlt, und über die seit 1813 rückständig gebliebenen Zinsen Rückstands = Scheine gegeben, welche allmählig, so wie es der Zustand der Casse erlaubte, durch baare Zahlung eingelöset wurden. Bei dieser Gelegenheit ergab es sich aber auch, daß noch mehrere begründete Forderungen an die Staats=Verwaltung vorhanden waren, welche die gegen das Ende des Jahres 1806 eingetretene feindliche Besitznahme des Landes zu berichtigen, unmöglich gemacht hatte. Auch diese wurden der Liquidation unterworfen, und so wie sie für richtig anerkannt waren, auch zu deren Bezahlung geschritten, auch zugleich das Anlehn von 1814 zu den bestimmten Terminen pünktlich zurückgezahlt, und ein Gleiches in Ansehung derjenigen Schulden verfügt, welche zum Ausbau des hiesigen Schlosses früher contrahirt, und, als auf landesherrlichem Eigenthum haftend, mit anerkannt waren, ohne jedoch zu den alten Landes= oder Cammer = Schulden zu gehören.

Zu den Landes = Schulden mußte auch noch ein anderes Object gerechnet werden, nämlich der Werth eines von Herzog Friedrich Wilhelm verkauften Klosterguts zu Hatmersleben. Um die gewissermaßen unter der Obhut der Landstände stehenden Klostergüter in ihrem Betrage vollkommen wieder herzustellen, wurde ein anderes Gut von einem noch höhern Werthe, Ueplingen nämlich, wieder angekauft, und der Masse der hiesigen Kloster-Güter wieder beigelegt, welches auch die davon unterrichteten Landstände gern und dankbar anerkannt und angenommen haben.

Durch alle diese von Ew. Majestät eingeleiteten und allergnädigst genehmigten Maßregeln, war der Credit der hiesigen Landesverwaltung so vollkommen wieder hergestellt, daß die hiesigen Staats-Papiere in einem so hohen Werth stehen, wie wohl wenig Staaten sich werden rühmen können, indem die zu 4 pro Cent Verzinsung stehenden Papiere kaum für den vollen Werth zu haben sind, und die zu 3 pro Cent stehenden Obligationen etwa zu 97 pro Cent nur verschafft werden können. Nebenbei aber war man erst durch die erforderlichen Vorarbeiten in den Stand gekommen; den Landständen eine klare Uebersicht des finanziellen Zustandes des Landes zu geben, und deren Bedürfnisse, welche durch Steuern gedeckt werden mußten. Auch gewann man den großen Vortheil, daß man nicht für Reste aus der Vorzeit, oder seit 1813, und für das Anlehn 1814, Forderung zu machen brauchte, und dadurch vielen Erörterungen und Verzögerungen ausgesetzt gewesen wäre. Nunmehr also erst fanden Ew. Majestät, daß der Zeitpunkt gekommen sey, wo Allerhöchstdieselben den allgemeinen Landtag, unterm 6ten September 1819, zusammen berufen, und mit dessen Beirath und Mitwirkung die Landes-Verfassung befestigen, und auch diejenigen Grundsätze wieder herstellen könnten, welche in Gemäßheit der Deutschen Bundes-Acte das Land von seinem Regenten mit vertrauensvoller Zuversicht erwartete. Der erste Abschnitt der Landschaftlichen Verhandlungen betraf die den Umständen gemäße Einrichtung der Landschaftlichen Verfassung, welche die unterm 25sten April 1820 publicirte erneuerte Landschafts-Ordnung enthält, und worin die Rechte und Befugnisse der Landstände, so wie sie nach der früheren Verfassung und der Bundes-Acte bestehen, auf eine angemessene Weise geordnet sind. Nachdem die Landstände unterm 9ten October 1820, nach der neuen Landtags-Ordnung, wieder zusammen berufen waren, begannen sie Ihre Arbeiten über die zu verwilligenden Steuern sowohl, als über die übrigen vorgekommenen Gegenstände der Gesetzgebung. Die letztern sind schon oben bei dem betreffenden Gegenstande mit erwähnt worden, nur in Ansehung der Steuern sey es gnädigst vergönnt, zu bemerken, daß das von Ew. Majestät bereits unterm 31sten März 1817, statt der Westphälischen Grundsteuer, wieder eingeführte alte Contributions-System beibehalten, die seit der Westphälischen Zeit beibehaltene Personal-Steuer auch ferner verwilligt, desgleichen auch die Stempel- und Gewerbe-Steuer, erstere mit einigen Abweichungen, letztere mit den durch die Gilde-Ordnung herbeigeführten Modificationen und Ermäßigungen beibehalten worden; daß die früher bestandenen Exemtionen von öffentlichen Abgaben vollständig aufgehoben, dagegen aber billige Entschädigung der Grundbesitzer für einen Theil derselben zugestanden, und daß die Rückzahlung der Staats-Schulden regularisirt worden, wie solches Alles die von Ew. Majestät unterm 29sten October 1821 erlassenen Verordnungen mit Mehrerem ergeben. Auch ist bei dieser Gelegenheit die früher besonders bestandene Wittwen-Casse für Landschaftliche Bediente mit der Fürstlichen Civil-Bedienten-Wittwen- und Waisen-Casse vereinigt, und einer besondern Commission untergeordnet worden, welche durch die Verordnung vom 26sten Julius 1822 in Wirksamkeit getreten ist.

Zur Verwaltung sämmtlicher Steuern aber ist durch die Verordnung vom 29sten October 1821 ein eigenes Landes-Steuer-Collegium eingesetzt, und mit dem 1sten Januar 1822 in Wirksamkeit getreten.

Nachdem nun auf diese Weise die diesmaligen Verhandlungen mit der Landschaft beendigt waren, ist das Resultat derselben in einen Landtags-Abschied zusammengefaßt, welchen Ew. Majestät unterm 11ten Julius d. J. zu bestätigen und publiciren zu lassen allergnädigst geruhet haben, und welcher auch mehrere Gegenstände enthält, welche wir, ihrer mindern Wichtigkeit halber, nicht besonders erwähnt haben, indem wir um die allergnädigste Erlaubniß bitten, uns auf dessen Inhalt beziehen zu dürfen.

Nachdem wir vorstehend die wichtigsten Gegenstände der Gesetzgebung sowohl als der Verwaltung während Ew. Majestät huldreichster vormundschaftlichen Regierung kürzlich zusammen gestellt haben, würden wir unserer desfallsigen Obliegenheit nicht vollständig genügen, wenn wir nicht auch zugleich eine ungefähre Uebersicht allerunterthänigst vorlegten, welche, so gut es der Natur der Sache nach möglich, Ew. Majestät über die Verwendung der öffentlichen Gelder Rechenschaft giebt. Wir haben geglaubt, darin das Jahr 1815 mit aufnehmen zu müssen, weil in dem Laufe desselben Ew. Majestät die vormundschaftliche Regierung des Herzogthums zu übernehmen geruheten, können aber das laufende Jahr nicht mit darunter begreifen, weil es vor abgeschlossenen Rechnungen den betreffenden Cassen nicht thunlich ist, die erforderlichen Daten vollständig zur Hand zu haben.

Wir haben demnach von den Jahren 1815 bis 1822 eine solche Uebersicht entworfen, und legen solche zu Ew. Majestät Allerhöchster Einsicht in den Anlagen A. und B. alleruntertänigst vor, wovon die erstere die Einnahmen selbiger Jahre, die letztere aber die Ausgaben enthält, und wobei wir auf allergnädigste Nachsicht rechnen, wenn Ew. Majestät solche nur sehr generell finden sollten, indem es hier nur auf eine ungefähre und allgemeine Uebersicht an= kommt, da die eigentliche Rechnungs=Ablage von den Cassen geschiehet, und deren Rechnungen revidirt und constatirt werden, daher es auf die Cassen=Vorräthe oder Bestände von gar keinem Einflusse und ohne Nachtheil ist, wenn auch in der gegenwärtigen, aus den verschiedenen Rechnungen zusam= mengestellten Uebersicht ein oder der andere Posten irrthüm= lich übersehen oder unter einer unrichtigen Rubrik aufgeführt seyn sollte. Dazu aber wird dieselbe allerdings genügen, um Ew. Majestät über die bisherige hiesige Staatswirthschaft einen allgemeinen Ueberblick zu gewähren und Allerhöchst= Denenselben die Ueberzeugung zu geben, daß die Verwen= dung der öffentlichen Gelder zu nothwendigen Ausgaben, zur Aufhülfe des Landes, zur Regularisirung der Finanzen und zu Verbesserungen in den Staats= und Landesherrli= chen Gütern und öffentlichen Anlagen gewissenhaft verwandt sind. Wir haben geglaubt, daß es nicht unangemessen sey, bei jedem Jahre die im Etat für die einzelnen Posten prä= sumtiv angenommenen Summen zur Seite mit anzuführen, um Ew. Majestät darzulegen, daß wir uns in dem Total= betrage der angenommenen Einnahmen und angenommenen Ausgaben gegen deren wirkliches Verhalten nicht beträchtlich getäuscht hatten, und daß, wenn in einzelnen Gegenständen der Etat merklich überschritten worden, dieses nur in solchen

der Fall gewesen ist, welche bleibende Verbesserungen be-
zweckten, und bei welchen wir, daß solches werde geschehen
müssen, in dem vorgelegten Etat selbst bemerklich gemacht
hatten, oder aber, wo sich es den Ew. Majestät bekannten
Umständen nach nicht ändern ließ, wie dies in Ansehung der
Militair-Ausgaben der Fall war: daß aber namentlich die
vorgedachten Ueberschreitungen der Etats nicht eher geschehen
sind, bis wir durch die verbesserten Cassen-Bestände dazu
ohne irgend einige Verlegenheit uns im Stande befanden.
Uebrigens wird es Ew. Majestät allerhöchsten Einsicht nicht
entgehen, daß die wirklichen Einnahmen oder Ausgaben mit
den präsumtiven Sätzen der Etats in jedem Jahre um so
weniger genau treffen können, als die Rechnungen immer
nur die wirkliche Einnahme oder Ausgabe enthalten, da
sich die Solleinnahme oder Ausgabe durch unwillkührliche
Rückstände und verspätete Zahlungen öfters aus einem Jahre
in das andere ziehet, daher stärker oder schwächer ist, je
nachdem verzögerte Zahlungen aus früheren Jahren mehr
oder weniger eingetreten, und dagegen wieder mehr oder
weniger rückständig geblieben ist. Endlich, wolle es Ew.
Majestät nicht befremden, wenn die Summen der Ausgaben
der Rubriken für Neben-Ausgaben im laufenden Dienste,
Brand-Versicherung und Real-Abgaben, so wie für unvor-
hergesehene Ausgaben nicht immer mit den im Etat dafür
ausgeworfenen Summen zutreffen, indem in den verschiedenen Rechnungen gerade diese Ausgaben so sehr durchein-
anderlaufen, daß sehr leicht manche anjetzt unter eine andere
Rubrik zusammen gezogen seyn könnten, als welche bei der
Anfertigung der Etats dafür angenommen war, und deren
genaue Sonderung zum Behuf dieser Zusammenstellung
eine für den Zweck zu weitläuftige Arbeit gewesen seyn

würde, indem wir voraussetzen, daß es dazu genüge, wenn sich, wie es der Fall ist, ergiebt, daß das Total der angenommenen Summen zu den Verwendungen zugereicht habe.

Es bleibt uns nur noch übrig für einige allgemeine Resultate aus den vorliegenden Uebersichten Ew. Majestät allerhöchste Aufmerksamkeit uns submissest zu erbitten.

Es liegt, ohne unser Anführen, in der Natur der Sache selbst, daß die Ausgaben der durchlauchtigsten Herzöge mit den zugenommenen Jahren und eingetretenen Reisen und auswärtigem Aufenthalte steigen mußten, auch die Kosten der Fürstlichen Hofhaltung haben sich gemehrt, weil, wenn auch kein Hofstaat hier gegenwärtig war, doch die allmählige Vermehrung des Inventars, so wie nothwendige Zuschüsse für das Theater, welches theils dem Orte nicht entzogen werden, theils aber auch in einem solchen Zustande erhalten oder dahin geführt werden mußte, daß es nach des Durchlauchtigsten Herzogs Regierungs-Antritte ohne außerordentliche Anlage-Kosten fortgeführt werden kann, bedeutende Verwendungen erforderte: in den Ausgaben für den Marstall und das Gestüt aber sind, da wo der Etat überschritten wird, die Gelder mitbegriffen, welche für angekaufte Pferde und angeschaffte Wagen ausgegeben worden; das Gestüt selbst ist nun auch, wie schon bei einer andern Gelegenheit allerunterthänigst einberichtet worden, in einen gedeihlichen Fortgang gebracht.

Das Jahr 1815 konnte zu besondern Verbesserungen des Zustandes im Lande noch nicht die Gelegenheit geben, weil die großen Kosten des Militairs, die, außer den nöthigen currenten Ausgaben, die disponiblen Gelder in Anspruch genom-

14

men hatten. Die Zinszahlung für die Landes=Schulden war noch sistirt, nur Abschlagszahlungen, die Herzog Friedrich Wilhelm, da wo es unvermeidlich war, gestattet hatte, wurden darauf geleistet, und wenn unter den außerordentlichen Ausgaben sich zurückgezahlte Capitale befinden, so sind diese nicht auf die Landes=Schuld, welche noch nicht liquidirt war, sondern auf temporaire Anleihen und Vorschüsse zurückgezahlt worden; inzwischen ist in diesem Jahr durch die abschläglich ausgezahlten Englischen Subsidiengelder mit der Grund zu einem solchen Zustande der Landes=Cassen gelegt worden, welcher es thunlich machte, vom Jahre 1816 an, Rückstände zu bezahlen, und zu nützlichen Verbesserungen im Lande zu schreiten. Was in dieser Hinsicht verwandt worden, sey uns erlaubt, hier kürzlich zusammen zu ziehen.

An Bauten auf Fürstlichen Schlössern, Domainen, Militair=Gebäuden, Brücken und öffentlichen Anlagen sind folgende Summen verwandt:

Im Jahre	1815	20,962	Rth.
" "	1816	81,430	"
" "	1817	117,685	"
" "	1818	167,019	"
" "	1819	231,749	"
" "	1820	146,157	"
" "	1821	274,036	"
" "	1822	213,497	"

in Allem 1,252,535 Rth.

Auf Forstculturen sind in denselben Jahren verwandt, nämlich

Im Jahre 1815 . . . . 7,104 Rth.
 "   "   1816 . . . . 18,139 "
 "   "   1817 . . . . 11,996 "
 "   "   1818 . . . . 32,574 "
 "   "   1819 . . . . 24,271 "
 "   "   1820 . . . . 20,419 "
 "   "   1821 . . . . 10,875 "
 "   "   1822 . . . . 19,642 "

zusammen 145,020 Rth.

und auf Chaussee-Bauten:

Im Jahre 1815 . . . . 10,956 Rth.
 "   "   1816 . . . . 75,459 "
 "   "   1817 . . . . 53,634 "
 "   "   1818 . . . . 58,573 "
 "   "   1819 . . . . 48,808 "
 "   "   1820 . . . . 43,053 "
 "   "   1821 . . . . 52,096 "
 "   "   1822 . . . . 53,483 "

396,062 Rth.

mithin sind auf diese drei Gegenstände wesentlicher Verbesserungen im Lande verwandt worden:

1 . . . . 1,252,535 Rth.
2 . . . . 145,020 "
3 . . . . 396,062 "

zusammen 1,793,635 Rth.

14 *

Die rückständig gebliebenen Posten sind unter den laufenden
Posten bei jedem Jahre mit in Rechnung gebracht, so wie
sie neben den letzten mit aufgeführt werden.

An künftigen Rückständen auf frühere Zeit, sind bezahlt:

Im Jahre 1816	. . . .	125,698 Rth.	
„ „ 1817	. . . .	69,175	„
„ „ 1818	. . . .	17,928	„
„ „ 1819	. . . .	22,866	„
„ „ 1820	. . . .	5,369	„
„ „ 1821	. . . .	1,586	„
„ „ 1822	. . . .	1,355	„
		244,283 Rth.	

dagegen an rückständigen Einnahmen früherer Zeit nur, einschließlich des Cassen-Vorraths zur Schlusse des Jahrs 1814,
eingenommen worden:

Im Jahre 1815	. . . .	118,990 Rth.	
„ „ 1816	. . . .	89	„
„ „ 1817	. . . .	338	„
„ „ 1818	. . . .	385	„
„ „ 1819	. . . .	2	„
„ „ 1820	. . . .	—	„
„ „ 1821	. . . .	260	„
„ „ 1822	. . . .	18	„
		120,082 Rth.	

folglich an Rückständen mehr verausgabt als
eingenommen   124,201 Rth.

An Capitalien sind zurückgezahlt, einschließlich der Anleihe
t 1814, der Schloßbau=Capitalien, Vorschüssen und sonst
terdings angeliehen gewesenen, auch Cautions = Capita=
t:

t Jahre 1815 . . . . 84,298 Rth.
" 1816 . . . . 99,909 "
" 1817 . . . . 78,604 "
" 1818 . . . . 62,840 "
" 1819 . . . . 50,267 "
" 1820 . . . . 117,721 "
" 1821 . . . . 14,247 "
" 1822 . . . . 33,826 "
                                    —————————
                                    541,712 Rth.

gegen sind an neubelegten Capitalien, vor=
ślich Cautionen, nur eingegangen:

t Jahre 1815 . . . . 38,536 Rth.
" 1816 . . . . 11,572 "
" 1817 . . . . 12,474 "
" 1818 . . . . 5,910 "
" 1819 . . . . 4,869 "
" 1820 . . . . 15,600 "
" 1821 . . . . 2,971 "
" 1822 . . . . 952 "
                                    —————————
                                    92,884 Rth.

thin an zurückgezahlten Capitalien über die
imme der eingegangenen verausgabt worden 448,828 Rth.

Für veräußertes herrschaftliches Eigenthum hat die Einnahme einschließlich der überflüssigen Militair-Pferde und Effecten nach beendigtem Feldzuge betragen:

Im Jahre 1815 . . . . 42,923 Rth.
" " 1816 . . . . 65,746 "
" " 1817 . . . . 8,351 "
" " 1818 . . . . 3,305 "
" " 1819 . . . . 2,093 "
" " 1820 . . . . 663 "
" " 1821 . . . . 387 "
" " 1822 . . . . 507 "

123,975 Rth.

und für angekauftes herrschaftliches Eigenthum, worunter jedoch keine Militair-Pferde und Effecten, als wofür die Ausgaben unter den Militair-Ausgaben mit begriffen sind, daher bloß für liegende Gründe oder Meliorationen in denselben ist verausgabt worden:

Im Jahre 1815 . . . . 4,918 Rth.
" " 1816 . . . . 26,341 "
" " 1817 . . . . 3,883 "
" " 1818 . . . . 12,074 "
" " 1819 . . . . 47,999 "
" " 1820 . . . . 32,034 "
" " 1821 . . . . 13,271 "
" " 1822 . . . . 11,041 "

151,561 Rth.

mithin hat auch in dieser Rubrik eine größere Ausgabe von 27,586 Rth. Statt gefunden.

Endlich, veranlaßte der allgemeine Kornmangel in den Jahren 1816 und 1817, daß auswärtiges Korn angekauft, daraus Brodt gebacken und der ärmern Classe der Landeseinwohner dieses für bestimmte Preise verkauft wurde; auch ist man in spätern Jahren genöthigt gewesen, Unterthanen, besonders in den Wesergegenden, deren Erndte gänzlich mißrathen war, Saatkorn zu verschaffen. So wohlthätig diese Einrichtung für das Land in den Jahren der Theuerung war; und solche Unterstützungen überall da wo es geschehen kann, beständig sind, so sind dieselben doch, besonders wenn sie, so wie damals, ins Große gehen müssen, nie ohne einigen Verlust, und ergiebt die folgende Uebersicht den Betrag desselben für die in Rede stehenden Jahre:

Es ist dafür	ausgegeben	eingenommen
Im Jahre 1816	53,300 Rth.	1,221 Rth.
" " 1817	49,738 "	58,961 "
" " 1818	2,761 "	4,572 "
" " 1819	6,313 "	8,896 "
" " 1820	— "	349 "
" " 1821	128 "	676 "
" " 1822	— "	30 "
	112,705 Rth.	74,705 Rth.
	74,705 "	

mithin dabei ein Verlust von 37,535 Rth. entstanden, welcher freilich die Noth vieler Landes-Einwohner gemildert hat.

Die bisher aufgeführten auf Verbesserung des innern Zustandes im Lande oder des finanziellen Zustandes der öffentlichen Cassen abzweckenden Ausgaben oder Zuschüsse zu den auf dieselben Gegenstände gehabten Einnahmen bestehen wiederholend im Folgenden:

verwendet worden, ist demnach aus den laufenden Jahres-Einnahmen bestritten worden.

Demnach hoffen wir, daß Ew. Majestät die in den Jahren 1816 bis 1822 geführte Verwaltung der öffentlichen Gelder nicht unvortheilhaft für das Herzogthum erscheinen werde; und wenn der nachstehende Zusammenzug der Gesammt-Einnahmen und Ausgaben

	Einnahme.	Ausgabe.
Im Jahre 1815	1,934,866 Rth.	1,589,306 Rth.
" " 1816	1,824,777 "	1,753,781 "
" " 1817	1,665,260 "	1,747,786 "
" " 1818	1,656,657 "	1,528,402 "
" " 1819	1,679,213 "	1,645,057 "
" " 1820	1,641,417 "	1,580,703 "
" " 1821	1,630,125 "	1,574,162 "
" " 1822	1,584,622 "	1,569,759 "
	13,616,937 Rth.	12,988,956 Rth.
	12,988,956 "	
	627,981 Rth.	

mithin einen am Schlusse des Jahrs 1822 in sämmtlichen landesherrlichen und Landes-Cassen gebliebenen Vorrath von 627,981 Rth. ergiebt, so wird es nicht auffallend erscheinen, daß im gegenwärtigen Augenblicke die Herzogliche General-Casse, nachdem sie der Landes-Steuer-Casse, die nach § 22 des Landtags-Abschiedes versprochene Summe von 65,000 Rth. im Anfange des Jahrs 1822 bezahlt hatte, (welche Summe in der anliegenden Uebersicht über sämmtliche Cassen in Eins sich deßhalb nicht finden kann, weil sie nur eine

Zahlung aus einer Casse in die andern gewesen): und nachdem bereits ungefähr 150,000 Rth. an Baulichkeiten für
das laufende Jahr verwilligt, und nachdem durch die Land-
tags-Verhandlungen bestimmten Verfahren an Landes-
Schulden 34,670 Rth. und an Cammer-Schulden 25,000
Rth. seit dem Anfange des gegenwärtigen Jahres bezahlt
worden, außer den in der Fürstlichen Cammer-Casse so
wie der Landes-Steuer-Casse befindlichen Vorräthen, allein
einen Geld-Vorrath von 348,000 Rth. baar, jedoch mit Einschluß der im Anfange des laufenden Jahrs ferner gezahlten
Englischen Subsidien-Gelder, unter sich hat; wodurch denn
also auch noch für die nächste Zukunft hinreichend gesorgt ist.

Eine Uebersicht der Verwaltung des Herzoglichen Privat-
Vermögens, so wie solche von dem damit besonders beauftragten Geheimen-Rathe von Schmidt-Phiseldeck vorgelegt
worden, schließen wir ehrerbietigst an, und empfehlen auch
für die Folgezeit sowohl das hiesige Herzogthum als auch
unsere Personen Ew. Majestät allerhöchsten Huld und
Gnade.

Die wir in allertiefster Ehrfurcht beharren

Ew. Majestät

Braunschweig
den 25sten September 1823.

allerunterthänigste
Mitglieder des Geheimen-Raths-Collegii.
Gr. v. Alvensleben. J. v. Schmidt-Phiseldeck. Fr. v. Schleinitz.

Anlage No. VII.

Eröffnungs = Rede, gehalten bei der Versammlung der Landstände des Herzogthums Braunschweig und des Fürstenthums Blankenburg, am 12ten October, 1819.

Meine Herren Landstände!

Ich finde mich durch den ehrenvollen Auftrag Seiner Königlichen Hoheit des Prinzen = Regenten beglückt, die gegenwärtige hochzuehrende Versammlung der Stände des Herzogthums Braunschweig und des Fürstenthums Blankenburg im Namen Seiner Königlichen Hoheit, als vormundschaftlichen Regenten dieser Länder, zu eröffnen.

Die mir von Seiner Königlichen Hoheit ertheilte Vollmacht wird Ihnen jetzt vorgelegt werden. (Legatur die Vollmacht durch den geheimen Sekretär.)

Eine sehr angenehme Pflicht habe ich zu erfüllen, indem ich Ihnen, meine Herren, als Stände des Landes die Em=

pfindungen des Regenten über das Betragen der Landes-
Unterthanen während einer schweren Prüfungszeit ausdrücke.

Sie finden sich, meine Herren, nach einem höchst verhäng-
nißvollen Zeitraum, zum erstenmale wieder versammelt.
Der zerstörende Revolutionskrieg zerriß alle vorher bestandene
Verhältnisse!

Die beiden letzten Regenten dieser Staaten fielen im
Kampf für Freiheit und Vaterland, ungebeugt vor fremder
Macht, würdig des Ruhms Ihrer erlauchten Ahnen.

Herzog Carl Wilhelm Ferdinand fand Seinen Tod an
dem Tage, mit dessen unglücklichem Ausgang die Selbst-
ständigkeit Seiner durch Ihn beglückten Staaten zu enden
schien.

Sein ruhmwürdiger Sohn verschmähete den Gedanken
eines entehrenden Vergleichs mit dem Feinde, — Er verließ sich auf Seine gerechte Sache, — auf die Treue Seiner
Unterthanen, und auf den Muth der Deutschen.

Sein stets denkwürdiger Zug durch die zahlreichen
Heere der Feinde, führte Ihn und Seine tapfern Waffen-
gefährten nach England, welches unter einem Regenten vom
Braunschweigischen Hause, allen unterdrückten Völkern und
Fürsten kräftig half, und mit der bewundrungswürdigsten
Beharrlichkeit den Krieg fortsetzte — bis die gerechte Sache
siegte.

Der Regent verschaffte nicht nur den Braunschweigischen
Kriegern Gelegenheit zum ruhmvollen Kampf, Er vertrat

auch die Rechte des Fürsten und des Landes kräftig bei sehr wichtigen politischen Unterhandlungen.

Der Herzog genoß das Glück, Seine Staaten in ihrem frühern Umfange wieder zu erlangen, und Unterthanen zu finden, deren Treue selbst in den Zeiten nicht gewankt hatte, da fast alle Hoffnung einer bessern Zukunft verschwunden schien!

Bonaparte's letzter Verrath zwang den Herzog an dem erneuerten Kampf Theil zu nehmen, — Seine Anstrengung überschritt vielleicht, nach der Ansicht vieler, die Kräfte Seines Landes — die Wichtigkeit des Zwecks und der Erfolg rechtfertigte die Mittel; — dies Land hat den Ruhm geerndtet, durch einen außerordentlichen Kraft-Aufwand, und durch den Muth seiner Krieger, zum endlichen Sieg der gerechten Sache viel beigetragen zu haben.

Dem Herzoge war es nicht vorbehalten, sich dessen zu freuen, — Sein Heldentod beschloß den unglücklichen Zeitraum, der für Braunschweig mit dem Fall Seines erlauchten Vaters angefangen hatte.

Schon vor diesem Trauerfall hatte der Herr Herzog August dem Lande einen zu Seiner höchsten Ehre gereichenden Beweis gegeben, wie sehr Sr. Durchlaucht dessen Wohl allen Rücksichten des Privatvortheils vorziehe! Sie hatten auf die, durch Erstgeburt begründeten Regierungs-Rechte verzichtet, weil Sie besorgten, durch Mangel des Gesichts gehindert zu werden, jenen hohen Beruf gehörig zu erfüllen.

Nach Familienverhältnissen sowohl, als nach dem letzten

Willen des hochseligen Herzogs, fiel die vormundschaftliche
Regierung auf den Regenten von Großbritannien und
Hannover.

Seine Königliche Hoheit haben diese Pflicht in der
einzigen Absicht übernommen, um für das Wohl dieses
Stammes Seines Königlichen Hauses, und für dessen Staa-
ten nützlich wirken zu können. Schon lange haben Seine
Königliche Hoheit gewünscht, zur bessern Erreichung dieses
Zwecks, sich der Mitwirkung der Stände des Landes zu er-
freun. Die Ausführung dieser Absicht erforderte aber, beim
Drange anderer Geschäfte, eine zeitraubende Ueberlegung. —
Nicht alle Verhältnisse, die der Krieg zerriß, haben wieder
hergestellt werden können — manche, durch eine Dauer von
Jahrhunderten ehrwürdig, haben aufgehört. — An die Stelle
der Verfassung des deutschen Reichs, ist die deutsche Bundes-
Acte getreten; die Bundesbeschlüsse müssen jetzt als die
höchsten Gesetze in Deutschland gelten; — die vorhin Kaiser
und Reich zugestandenen Souveränitäts-Rechte sind auf die
deutschen Fürsten übergegangen.

So wenig der Regent geneigt ist eine bestehende Landes-
Verfassung aufzuheben, so sehr machen es doch die erwähnten
Verhältnisse und einige im Innern des Landes selbst sich
ergebende Umstände rathsam, den Ständen den Plan einer
verbesserten Landtags-Ordnung zur Berathung zu empfehlen.

Erwarten Sie in demselben keine sogenannte zeitgemäße Verfassungs-Urkunde zu finden. Der Regent ist
nicht geneigt, eine, auf bloße durch Erfahrung noch unbe-
währte Theorien gebaute Repräsentativ-Verfassung an die

Stelle einer auf frühere Verträge gestützten Landtags-Ordnung treten zu lassen. Sein Wunsch und Wille ist, das
vorhandene Gute zu erhalten; das Mangelhafte — auf
verfassungsmäßigem Wege, ohne Uebereilung, zu verbessern,
und nach beendigter Vormundschaft dem hoffnungsvollen
Fürsten, den die Vorsehung dazu berufen hat, die Regierung des Landes zu führen, Seine Rechte ungeschmä-
lert zu übergeben. Glücklich werden Seine Königliche
Hoheit sich schätzen, wenn Sie Seiner Durchlaucht
dann ein Vorbild hinterlassen können, wie diese Rechte zum
wahren Besten des Landes, und zur Ehre des Fürsten
ausgeübt werden sollten.

Die Regierung würde sich glücklich schätzen, wenn der
Ihnen vorgelegte Plan einen ungetheilten Beifall finden
sollte. Keiner unter Ihnen, meine Herren, wird wünschen,
daß die Erfahrung der seit Ihrer letzten Versammlung vergangenen Jahre, ganz unbenutzt bliebe; daß alles, auch bei
gewaltsam veränderten Umständen, beim Alten gelassen
würde. Hingegen wird vielleicht die möglichst beibehaltene
Grundlage der frühern Verfassung hier und da zu wenig
zeitgemäß erscheinen.

Wir leben in einer Zeit, da eine Menge, theils gutmüthi-
ger, theils aber arglistiger Schwärmer sich berufen fühlt, dem
Volke ihre, auf bodenlose Theorien gebauten Verfassungs-
plane anzupreisen, und alles Bestehende als veraltet und
schlecht darzustellen.

Im irrigen Wahn, daß mit Vertreibung der fremden
Gewalt, auch gleich alle Folgen des Unglücks verschwinden
müssen, welches sie über das Volk gebracht hat, legt
die bethörte Menge die Täuschung ihrer unerreichbaren

...sche der Regierungen und der Landes-Vertretung zu Last, und läßt sich überreden, daß sie ihr Heil nur in einer Repräsentativ-Verfassung finden könne, wie die neue Zeit deren so viele hat entstehen und verschwinden sehen. Ein Schicksal, das allen Verfassungen droht, die nicht auf geschichtliche Verhältnisse der Nation gestützt sind.

Ich habe den Regenten versichern zu dürfen geglaubt, daß in diesem Lande Segnungen anerkannt werden, die eine gerechte und wohlwollende Regierung über dasselbe verbreitet hat.

Bei diesem Verhältniß würde jeder gewagte Versuch einer unbewährten Neuerung bedenklich erscheinen.

Ohnehin hat der deutsche Bund, dessen Beschlüsse als höchstes Gesetz befolgt werden müssen, sich deutlich für die Beibehaltung der deutschen landständischen Verfassungen erklärt. Dies hat der Regent vor Augen gehabt; — ja Seine Königliche Hoheit bevorworten, daß weitere Modificationen der Landtagsordnung auf den Fall vorbehalten werden, wenn eine nähere authentische Erklärung des 13ten Artikels der Bundesacte dieselben nöthig machen sollte.

Es würde dem augenblicklichen Zweck nicht angemessen seyn, wenn ich hier das Ganze der vorgeschlagenen Veränderungen Ihnen vorlegen wollte; — Ich beschränke mich auf folgende Haupt-Puncte:

Das Herzogthum Braunschweig und das Fürstenthum Blankenburg, haben bisher, jedes seine eigene Stände-Versammlung gehabt. Einem Herrn unterworfen, und durch dieselben administrativen Behörden verwaltet, scheint es gerathen und dem allgemeinen Wunsch gemäß zu seyn, daß beide Landschaften sich in Eine vereinigen.

Ferner haben bisher in Braunschweig drei Curien bei den Ständen bestanden.

Die Prälaten = Curie hat aufgehört zu den großen Grundbesitzern zu gehören. Die Güter der Prälaturen stehn größtentheils längst unter Verwaltung des Staats. Es ist allerdings gut, daß die Titulares jener Prälaturen, als durch Kenntniß und Erfahrung ausgezeichnete Männer, ferner an den landschaftlichen Berathungen Theil nehmen. Aber es kann nicht zweckmäßig seyn, ihnen, durch Erhaltung einer abgesonderten Curie, ein ganzes ⅓ der ständischen Befugnisse ferner einzuräumen. Nicht ihre Ausschließung vom Landtage, sondern ihre Vertheilung in die beiden andern bestehenden Curien wird daher empfohlen.

Es würde unbillig seyn, die Besitzer freier Bauergüter, die zwar nicht zur Ritterschaft gehören, aber keiner gutsherrlichen Abhängigkeit unterworfen sind, länger von der Theilnahme an den landständischen Berathungen auszuschließen.

In Ansehung der Vertretung der Städte ist längst die Unbilligkeit anerkannt worden, daß Wolfenbüttel, die zweite Stadt des Landes, keinen Deputirten zur Stände= Versammlung hat absenden können. Eben so auffallend ist es, daß die großen Städte, — als Braunschweig, Wolfenbüttel und Helmstedt, nicht durch zahlreiche Deputationen, oder durch mehr Stimmen als die kleinsten Städte, vertreten werden. Auf diesen Umstand ist gleichfalls ein Antrag begründet. Vor der Hand ist von dem Verfassungsmäßigen

Recht, für die in fürstlichem Besitz sich befindenden ritter=
schaftlichen Güter, Deputirte zu den Ständen zu ernenn,
kein Gebrauch gemacht worden. Ich bin jedoch nicht er=
mächtigt, dies Recht aufzugeben.

Ein wichtiger Mangel hat sich in der frühern Steuer=
Verwaltung ergeben, die der unmittelbaren Aufsicht des
Regenten zu sehr entzogen war. Die gesammte Erhebung
der Steuern muß fortan, wie es jetzt geschieht, durch die
öffentlichen Beamten geschehn.

Um indessen den Ständen die Ueberzeugung und die
Mitwirkung zu sichern, daß die zu bestimmten Zwecken er=
hobenen Steuern auch lediglich der Absicht gemäß verwandt
werden, ist die Einrichtung eines Steuer= und Schatz=Colle=
giums für rathsam erachtet, an dem die Stände durch De=
putirte Theil nehmen werden, und welches zugleich, in An=
sehung des ständischen Wirkungs=Kreises, an die Stelle des
frühern Schatz=Collegii treten und einen permanenten Aus=
schuß der Stände bilden kann.

Es wird nun vor allen Dingen nöthig seyn, daß die Stände
sich mit diesen, ihnen vorzulegenden Propositionen beschäf=
tigen, und ihre Bemerkungen und Wünsche dem fürstlichen
Geheimen Raths=Collegio mittheilen, damit das Resultat
der gemeinschaftlichen Berathung in Vollziehung gesetzt, und
die hinzukommenden neuen Mitglieder der Versammlung
berufen werden können.

Zu diesem Geschäft dürfte das gerathenste seyn, eine Com=
mission zu ernennen; während diese die Sache zum Schluß
vorbereitet, werden die Herrn, welche anderweite Geschäfte

abrufen, sich füglich entfernen, und ihre Wiedereinberufung
abwarten können, um ihren Entschluß über die Verhandlung
ihrer Deputirten zu fassen.

Nach erfolgter Ergänzung der Repräsentation, wird das
Fürstliche Geheime = Raths = Collegium den Ständen die wei=
tern Propositionen vorlegen. Von dem Inhalt dieser Pro=
positionen werde ich einiges vorläufig zu erwähnen haben.

Da sich aber alles, was die zukünftige Geschäftsführung
betrifft, an die vergangene anschließt; so halte ich es für Pflicht,
zuerst einiges über die Verwaltung in der seit Wiedereinfüh=
rung der rechtmäßigen Regierung verflossenen Zeit mitzutheilen.
Der Zustand des Landes zu der Zeit, als nach Vertreibung des
Feindes, der Herzog Friederich Wilhelm zurückkehrte, ist Ihnen,
meine Herrn, sämmtlich bekannt. Die späterhin noch Statt ge=
fundenen kriegerischen Ereignisse, und die schon erwähnten,
die Kräfte des Landes fast übersteigenden Anstrengungen,
hatten den Zustand der Finanzen fast ganz zerrüttet.

Die erste Sorge der Regierung mußte daher seyn, die
öffentlichen Cassen in den Stand zu setzen, ihre Verpflich=
tungen zu erfüllen, und den Credit des Landes zu befestigen.

Das Anlehn, welches der hochselige Herzog im Jahre
1814 zu machen sich genöthigt gesehn, ist getilgt, und die
in diesem und dem folgenden Jahre rückständig gebliebenen
Zinsen sind berichtigt, — so daß künftig nur die laufenden
Ausgaben zu bezahlen bleiben.

Der Herzog hatte Sich genöthigt gesehn, ein geringes
Kloster = Gut, im Halberstädtschen, zu Harmersleben gelegen,
zu verkaufen.

15 *

Der Regent hat dagegen ein weit wichtigeres, und zur Benutzung besser gelegenes Gut Ueplingen, wieder ankaufen lassen, und dadurch das Staats=Grundvermögen auf eine Art ergänzt, die ohne Zweifel den Beifall der Stände verdient.

Aus den Jahren 1806 und 1807 sind wegen der feindlichen Besitznahme des Landes, viele Forderungen unbezahlt geblieben, zu welchen die öffentlichen Cassen verpflichtet waren. Auch diese sind berichtigt, und es ist keine Forderung von Belang mehr zu erwarten.

Während der feindlichen Herrschaft sind alle öffentlichen Gebäude, Brücken u. s. w. sehr vernachlässigt, — Ihre schleunige Herstellung, wodurch allein ein gänzlicher Verfall abgewandt werden konnte, ist mit großen Kosten, aber zweckgemäß bewerkstelligt.

Oeffentliche Wege, besonders die Chausseen, waren in dem Grade verdorben, daß aller Verkehr im Lande erschwert wurde — Auch die schwere Last ihrer Wiederinstandsetzung ist, so weit es bisher thunlich gewesen, getragen, und eine merkliche Verbesserung, gegen frühere Zeiten, ist bewirkt worden.

Diese beträchtlichen Arbeiten haben zugleich in den verflossenen Jahren der Theurung, vielen Landes=Einwohnern Gelegenheit zum Erwerb gegeben, der ihnen sonst gefehlt haben würde.

Es wird Ihnen, meine Herrn Landstände, von selbst einleuchten, daß die gewöhnlichen Hülfs=Quellen des Landes zu Erfüllung dieser großen Verbindlichkeiten, nicht hingereicht haben würden. Die Regierung ist dazu in den Stand gesetzt, indem, 1stens der Herzog Friedrich Wilhelm einen Theil Seines ererbten Privat-Vermögens zu Tragung der Lasten des Krieges hergegeben hat. — 2tens. Die jetzigen geringen Bedürfnisse des Fürstlichen Hofstaats haben Ersparungen möglich gemacht, die zum Besten des Landes verwandt sind. — Endlich, sind demselben alle Gelder zu Gute gekommen, die als Folge des Kriegs, theils als Subsidien, oder als Theil von den Kriegs-Contributionen, in die öffentlichen Cassen geflossen sind.

Diese letzten Summen haben bis zum Schluß des Jahres 1818, mit Ausnahme der sofort zu den damaligen Kriegs-Bedürfnissen verwandten Gelder nur 269,000 Rth. betragen.

Es sind dagegen zu Bezahlung der erwähnten Rückstände und Capitalien verwandt 670,000
Auf öffentliche Gebäude von 1816 bis 1818 . 355,000
Auf Weg- und Chaussee-Bau 114,000
Und auf Forst-Culturen 60,000
                                     —————————
    Also in jenen 3 Jahren . . . 1,229,000 Rth.

Es bedarf wohl keiner weitern Ausführung, daß diese Anstrengungen nur durch die sorgfältigste, den hiesigen Behörden zur größten Ehre gereichende Finanz-Verwaltung, und gewissenhafte Verwendung der Staats-Einnahmen möglich geworden sind. Dies Resultat ist um so unerwarteter, da Theurung und andere Umstände den Belauf der Einkünfte vermindert, und manche Ausgabe erhöht hatte.

Die Stände werden sich daher aber auch überzeugen, daß es nicht möglich war, die öffentlichen Abgaben bei so großen Bedürfnissen zu vermindern. Die vorgefundenen Abgaben sind daher beibehalten, und nur in Ansehung der Grund- steuer haben Seine Königliche Hoheit, wegen der Un- gleichheit, womit sie auf einzelnen Classen der Unterthanen lastete, sich bewogen gefunden, das frühere System der Con- tribution und damit verwandten Abgaben, durch die Verord- nung vom 31sten März 1817 herzustellen.

Es muß aber bemerkt werden, daß der Betrag der Con- tribution niedriger angesagt worden, als er in dem Jahr 1807 bestanden hatte.

Die mit Schwierigkeiten verbundne Liquidation der öffent- lichen Schuld, ist bis auf eine geringe Summe beendigt.

Die Justizverfassung ist nach der 1814 eingeführten Ord- nung, deren wohlthätige Wirkung in Ansehung des raschen Processganges nicht verkannt wird, beibehalten worden.

Die vielleicht hie und da mangelhafte Eintheilung der Ge- richtsbezirke, ist bislang nicht verbessert, weil man darüber die Ansicht der Stände zu vernehmen gewünscht hat.

In Gemäßheit der Bundes-Acte ist ein Ober-Appellations- Gericht, von mehreren Fürsten, mit Braunschweig gemein- schaftlich, errichtet, welches seinem hohen Zweck entspricht.

Die Patrimonial-Gerichte und der privilegirte Gerichts- stand gewisser Stände, hat, ohne die bestehende Justizver- fassung zu ändern, nicht hergestellt werden können. Die

Regierung hat über diesen wichtigen Punct die Land-Stände zu hören gewünscht, ehe sie Schritte deshalb vornähme. Der Regent erwartet aber auf jeden Fall, daß wenn das Unschädliche hergestellt wird, auf Wiederbelebung alter Mißbräuche nicht bestanden wird.

In Ansehung des öffentlichen Unterrichts ist geschehn, was die Umstände erlauben.

Zur zweckmäßigen Erhaltung einer eignen Universität reichen die Kräfte des Landes nicht hin. Die vorhin für die hohe Schule zu Helmstedt bestimmt gewesenen Summen sind zur Verbesserung der dortigen und andrer Schulanstalten im Lande verwandt, und fernerweit erforderlich. Den Landes-Unterthanen ist das Studiren in Göttingen dadurch erleichtert, daß diese vorzügliche Universität auch als Braunschweigische Landes-Universität betrachtet wird, und daß daselbst auch Freitische zur Unterstützung für unbemittelte Braunschweiger gestiftet sind.

Das Militair, welches mit so vielem Ruhm im Kriege gedient, hat nothwendig, nach hergestellter Ruhe, auf die Zahl reducirt werden müssen, welche die Verpflichtungen gegen das Land und die innere Sicherheit des Landes erfordern; auch bei diesem Zweig der Verwaltung ist die möglichste Rücksicht auf die Erleichterung der Staats-Ausgaben genommen, die sich mit der Gerechtigkeit und Würde desselben vereinigen ließ.

Jetzt kann ich mich von der bisherigen Verwaltung zu den Bedürfnissen der Zukunft wenden, und Ihnen, meine

Herrn, die Haupt=Gegenstände aus ben Ihnen mitzutheilen=
den Propositionen vorläufig bekannt machen.

1stens. Werden Ihnen die Staatsbedürfnisse, welche durch
Steuern verfassungsmäßig zu tragen sind, angezeigt, und
über die Herbeischaffung und Anlegung der nöthigen
Steuern Vorschläge geschehen.

Sie werden bei Ihrer Berathung über diesen Gegen=
stand von dem Grundsatz ausgehn: 1stens, daß die nöthigen
Summen zu den vertragsmäßigen und unabänderlichen
Ausgaben hinlänglich zu sichern sind. 2tens, daß es besser
sey, wenn keine wichtige Gründe dagegen streiten, bei dem
Steuersystem zu bleiben, woran die Unterthanen gewöhnt
sind; damit ihr Wohlstand so wenig als thunlich durch neue
Versuche, deren Resultate nicht immer voraus zu berechnen
sind, in Gefahr gesetzt werden möge. Bei diesen Materien
wird es unvermeidlich, einen Gegenstand zur Sprache zu
bringen, der in das Privat=Interesse aller eingreift, und des=
fals selten mit Ruhe und Billigkeit von beiden Seiten be=
handelt wird. Ich ziele auf die Steuerfreiheit der vorhin
exemten Güter.

Der Grund dieser Freiheit hat längst aufgehört. Der
Adel dient nicht mehr auf eigne Kosten im Felde. Dem
Staate genügen nicht mehr zu seinen gewöhnlichen Ausga=
ben die Einnahmen der Cammer=Güter. Die geringen und
außerordentlichen Steuern, die bei der ursprünglichen Ueber=
tragung der Bauer=Güter deren Besitzern aufgelegt waren,
sind durch die Zeit=Umstände zu Bürden geworden, die auf
einzelne Classen allein zu schwer lasten würden.

Auf der andern Seite ist es höchst bedenklich, einen rechtlichen Besitzstand wankend zu machen, weil man glaubt, daß ursprüngliche Veranlassungen zu dessen Erlangung, die doch oft in das Dunkel der Vorzeit zurückgehen, aufgehört haben. Die Exemten stützen sich darauf, daß sie ihre Güter bei Erbtheilungen oder Kauf als freie Güter angerechnet überkommen haben, und daß dem Pflichtigen die Last auf ähnliche Art vorlängst im Voraus vergütet sey. Auch diese Einrede hat unleugbar viel Wahres, — nur kann sie bei neuen Lasten nicht gelten, grade weil sie bei allen, auch den pflichtigen Gütern eintreten müßte.

Dies zeigt genugsam die Nothwendigkeit eines gegenseitigen Nachgebens, die Exempten müssen der Billigkeit, der öffentlichen Meinung und dem Vaterlande Opfer bringen. Die Pflichtigen dürfen jene Gründe der Billigkeit nicht vergessen, und sie sollten daher beim Allgemeinwerden der Steuer-Verbindlichkeit gehörige Rücksicht auf den Theil nehmen, der längst ausgeglichen war.

Bei den bisherigen Steuern ist der Regierung nicht entgangen, daß die Stempelsteuer in manchen Beziehungen drückend ist. — Es werden daher zu einer Abänderung Vorschläge geschehen.

2tens. Werden Ihnen, meine Herren, die Etats der Landes-Schulden mit den erforderlichen Planen zu Sicherung der Zinsen, so wie zu einer allmähligen Abtragung der Schuld selbst, vorgelegt werden.

3tens. Haben Seine Königliche Hoheit befohlen, Ihnen die Grundsätze einer zu erlassenden Verordnung über die

Militair=Pflichtigkeit, die überall in Deutschland eingeführt
ist, und bei dem jetzigen Kriegs=System nicht vermieden
werden kann, vorzuschlagen.

Außer diesem wichtigen Gengenstand der Gesetzgebung,
hat der Regent noch über einige andre befohlen, Ihren ver=
fassungsmäßigen Beirath zu begehren; wovon ich nur die
nöthigen Anordnungen über den Chaussee=Bau und über
Gemeinheitstheilungen erwähnen will.

Sie werden, meine Herren Stände, hieraus abnehmen,
daß Seine Königliche Hoheit wünschen, diesen Landtag,
nicht nur für den Augenblick, sondern auch für die Folge
wichtig und wohlthätig zu machen.

Es wird daher erwartet, daß Sie suchen werden, die An=
träge wegen Regulirung der Landesvertretung bald zur
Erledigung zu bringen, weil die übrigen Gegenstände so=
dann erst, wenn dieser Punkt regulirt seyn wird, vorgelegt
werden können.

Sollten Sie dafür halten, daß schon jetzt die Ernennung
eines Land=Syndici nöthig sey; so würde dagegen nichts
zu erinnern seyn, falls dessen Wahl, vorerst nur als wie=
derruflich, oder provisorisch bestimmt würde.   Dies ist rath=
sam, weil die der Versammlung der Stände etwa hinzukom=
menden Mitglieder noch nicht mitwählen können, und weil
ferner der Geschäfts=Kreis des Land=Syndici noch nicht
gehörig beurtheilt werden kann.

Schließlich habe ich den Auftrag, den Ständen dieser Für=
stenthümer feierlichst zu versichern, daß Seine Königliche

Hoheit, der Regent, deren Wohl stets vor Augen haben, und
wie bisher zum Ziel Seiner vormundschaftlichen Regierung,
machen wird. Seine Königliche Hoheit versprechen das
Landes = Grundgesetz der Primogenitur und des Pacti Henrico Wilhelmiani, eben so wie die jetzt näher zu bestim=
mende Landtags=Ordnung, genau beobachten zu lassen, und
erwarten dagegen von allen Landes=Unterthanen, in Gemäß=
heit der frühern Huldigungs=Eide, für Sich, den Herzog
und das Braunschweig=Lüneburgsche Haus den schuldigen
Gehorsam und Treue.

Was mich betrifft, meine Herren, werde ich, so lange mir
der Regent seine vormundschaftlichen Geschäfte anvertraut,
— meiner Pflicht, und des Vertrauens eingedenk, welches
der hochselige Herzog mir in seinem letzten Willen bewiesen
hat, — alles für das Beste des Landes thun, was meine
Kräfte erlauben. — Ich hoffe, jenem ehrenvollen Zutraun bis=
her entsprochen zu haben. Bin ich so glücklich gewesen,
Ihren Beifall neben dem meines Fürsten zu erhalten, so ge=
bührt ein großer Theil davon den Mitgliedern der hiesigen
Regierung, und meinem verstorbenen Freunde, dem Grafen
von der Schulenburg=Wolfsburg, dessen zu frühen Verlust
wir gewiß alle beklagen.

Ein großer Zeitraum meiner Geschäftsführung für dieses
Land ist vorüber, — glücklich werde ich mich schätzen, wenn
das Ende desselben mir den Beifall des künftigen Regenten
und Ihr geneigtes Andenken und Wohlwollen sichern wird.

E. Graf v. Münster.

Anlage No. VIII.

———————————

Durchlauchtigster Großmächtigster König,
Allergnädigster König und Herr!

Die allerunterthänigst unterzeichneten Mitglieder des Ausschusses der Stände des Herzogthums Braunschweig und
des Fürstenthums Blankenburg nahen sich dem Throne Ew.
Königlichen Majestät mit denjenigen Empfindungen der Ehrfurcht, Treue und Unterwürfigkeit, welche seinen Fürsten zu
zollen der Braunschweiger seit Jahrhunderten für seinen
schönsten Ruhm achtete; Empfindungen, die, wenn sie uns,
als von unsern Vorfahren überliefert, auch nicht gleichsam
angeboren waren, dennoch hoch gegen Ew. Königliche Majestät empor lobern müßten, da Allerhöchstdieselben das
hiesige Land nicht nur weise, gerecht und milde statt unsers
minderjährigen Landesfürsten regieren, sondern da Allerhöchstdieselben uns das schönste Geschenk ertheilten, das die
Weisheit eines Fürsten seinem Lande zu geben vermag —
eine Verfassung, die, indem sie Aller Wünsche befriedigt, das
Glück von vielen Tausenden auf Jahrhunderte zu sichern
geeignet erscheint. Unendlich glücklich würden wir uns ge-

schätzt haben, wenn es uns vergönnt gewesen wäre, diese Gesinnungen unverbrüchlicher Treue und innigster Dankbarkeit gegen die geheiligte Person Ew. Königlichen Majestät innerhalb der Mauern jener alten Stadt, welche ihre Begründung den Ahnherren Ew. Königlichen Majestät verdankt und ihr uralter Stammsitz war, persönlich, mit gesammter Landschaft, allerunterthänigst darzubringen; da wir jedoch bei der diesmaligen Allerhöchsten Anwesenheit Ew. Königlichen Majestät in Ihren deutschen Provinzen nicht theilhaftig dieses allgemein ersehnten Glücks werden: so erbitten wir uns ehrfurchtsvoll die allergnädigste Erlaubniß, diese submisse Adresse, welche nur schwach was wir fühlen ausspricht, Ew. Königlichen Majestät zu Füßen legen zu dürfen.

Indem wir dem Höchsten danken, daß er unsern Königlichen Regenten auf einer weiten Reise in seinen gnädigsten Schutz nahm, und glücklich hin zu seinem Stammlande gelangen ließ, senden wir zu ihm unsere Gebete, daß er Ew. Königlichen Majestät die größte Fülle zeitlichen Glückes verleihen, und Allerhöchst Ihnen auch diejenigen Wohlthaten vergelten möge, welche Sie diesem Lande zufließen ließen; die wir in tiefster Unterthänigkeit verharren.

Ew. Königlichen Majestät,

2c., 2c., 2c.

Braunschweig, den 19. Oct. 1821.

Der engere Ausschuß der Städte des Herzogthums Braunschweig und des Fürstenthums Blankenburg,

v. Bülow. v. Strombeck. S. P. v. Bülow. F. Langerfeldt.

Anlage, No. IX.

Hochgeborner, ꝛc.

Ew. Excellenz verehrliches Schreiben vom 3ten dieses Monats, welches ich sofort den Mitgliedern des engern Ausschusses der Landschaft vorgelegt habe, verpflichtet uns alle zu dem lebhaftesten Danke, welchen, Nahmens meiner Committenten abzustatten, ich mir hierdurch die Ehre gebe.

Das bald darauf erfolgte allerhöchste Rescript vom 10ten dieses Monats, hat nicht allein uns, sondern auch die gesammte Landschaft, mit einer Freude erfüllt, welche Ew. Excellenz zu beschreiben ich kaum vermag. Was kann belohnender seyn, als die Allerhöchste Zufriedenheit des Monarchen auf solche Weise ausgesprochen.

Beauftragt, Ew. Excellenz die angeschlossene allerunterthänigste Dankabdresse an des Königs Majestät zu überreichen, bitte ich gehorsamst, daß Hochdieselben die Gewogenheit haben mögen, solche dem Monarchen vorzulegen.

Das Bildniß des Königs wird uns und unsern Nachkommen stets ein hochwerthes Andenken an die glückliche Pe-

riode der Vormundschaftlichen Regierung seyn, deren bevor=
stehendes Ende, — ich sage es offen, — uns mit tiefer Weh=
muth erfüllt. Die Wünsche aller redlich Gesinnten verei=
nigen sich dahin, daß der neue Landesherr das schöne Gebäude,
so wie es jetzt da stehet, unverändert erhalten möge.

Ew. Excellenz haben unserm Lande, unserer Landschaft,
eine so wohlwollende, allgemein anerkannte Theilnahme
gewidmet, durch Ihre Vermittelung so vieles Gute bewirkt,
daß sämmtliche Mitglieder der Landschaft von den innigsten
Dankgefühlen durchdrungen sind. Als Organ meiner Com=
mittenten kann ich betheuern, daß diese Versicherung treu
und wahr ist. Wir empfehlen uns der Fortdauer Hoch:hero
schätzbaren Wohlwollens, und mit der ausgezeichnetesten
Hochachtung habe ich die Ehre zu seyn,

Ew. Excellenz,

rc., rc., rc.

v. Bülow.

Braunschweig, am 30. Juni, 1823.

An des Herrn Staats= und Cabinets=Ministers
Grafen von Münster Excellenz.

———

Hochgeborner Graf!

Indem Ew. Excellenz wir den richtigen Eingang Ihres geehrten Schreibens vom 17ten d. M. und dessen Einlagen hierdurch bescheinigen, bitten wir um die Erlaubniß, zugleich für die so ausgezeichneten Beweise des Vertrauens, welche während der in diesen Tagen sich endigenden Vormundschaftlichen Regierung der hiesigen Lande uns geworden sind, unsere tiefgefühlte Dankbarkeit in Ew. Excellenz Hände niederlegen zu dürfen. Die jetzt sich endigende Periode der hiesigen Regierungsgeschichte muß in den Herzen der hiesigen Landeseinwohner in stets dankbarem Andenken bleiben, und jeder Unbefangene muß es jetzt gestehen, daß eine Vormundschaftliche Regierung wohl nicht mit einer beispiellosern Geradheit und Entfernung von allen Neben-Rücksichten geführt werden konnte, und gerade darin liegt der Hauptgrund von alle dem Guten, wodurch dieselbe sich auszeichnet. Des Königs Majestät diese unsere Empfindung in dem Augenblicke, wo das Patent, die Beendigung der Vormundschaft betreffend, publicirt wird, besonders und direct auszudrücken, möchte das Ansehen einer unbefugten Anmaßung haben, von welcher wir weit entfernt sind: aber Ew. Excellenz wollen die Gewogenheit haben, den Ausdruck derselben anzunehmen, und solche zu den Füßen des Thrones Seiner Majestät in unserm Namen darzubringen.

Wenn aber das Land die Segnungen der bisherigen Verwaltung der allergnädigsten Leitung Seiner Majestät erdankt, so gebührt auch ein großer Theil dieser dankbaren Empfindungen dem Minister, welcher mit seinem Rathe dabei Seiner Majestät zur Seite stand. Erlauben daher Ew. Excellenz, daß wir Ihnen zugleich für das Vertrauen, mit welchem Sie uns jederzeit beehrten, und für den großen und ausgezeichneten Eifer, welchen Sie den hiesigen Angelegenheiten widmeten, unsere und des Landes ganz besondere Verpflichtung darlegen.

Wenn des Herzogs Durchlaucht nach angetretener Regierung Sich selbst davon, wie während Ihrer Minderjährigkeit von Seiten der Ober=Vormundschaft gehandelt worden, überzeugen werden; so dürfen wir an vollständiger Anerkennung auch von Höchst Ihrer Seite, nicht einen Augenblick zweifeln.

Schließlich, bitten wir, daß Ew. Excellenz auch bei den geänderten Verhältnissen uns Ihr geneigtes Andenken fernerweit schenken wollen, wie es uns jederzeit erfreulich seyn wird, wo sich uns die Gelegenheit darbietet, Beweise von der ganz vorzüglichen Hochachtung und Ergebenheit darlegen zu können, mit welcher wir die Ehre haben zu beharren

Ew. Excellenz

rc.,   rc.,   rc.

St. v. Alvensleben, F. v. Schmidt=Phiseldeck, v. Schleinitz.

Braunschweig am 17ten October, 1823.

Anlage, № XI.

━━━━━━━

Auszug eines Schreibens des Geheimen=Raths von Schmidt=Phifeldeck an des Staats= und Cabinets= Ministers Grafen von Münster Excellenz, d. d.

Clausthal, 27. Julius, 1827.

━━━━━━━

Der Gegenstand endlich, welchen Ew. Excellenz nicht genügend kennen und worüber Sie Auskunft begehren, ist die Theatersache, worüber so viel hier geschrieben, und seit der ganzen Zeit der Regierung des Herzogs so viel geredet, und immer wieder geredet ist, so daß bis dahin, wo ich meinen Abschied nahm, dieses wohl der einzige Gegenstand ist, um den sich der Herzog recht angelegentlich und lebhaft bekümmerte, und der einzige Act der Vormundschaftlichen Regierung, außer der Pensionirung des Herrn von Linsin= gen, worüber der Herzog sein persönliches Mißfallen stets äußerte, und worüber ihm eben so oft erwiedert ist, man

abe in der Meinung geftanden, die Sache gut gemacht zu
aben, und nicht vorausfehen können, daß Seine Herzog-
che Durchlaucht dies mißbilligen würden.

Unter Herzog Carl hatte der Hof bekanntlich ein Theater
uf einen fehr koftbaren Fuß unterhalten, welches den Ruin
er Finanzen damals mit befördern half. Herzog Carl
Vilhelm Ferdinand, der bekanntlich ein guter Staatswirth
var, hielt doch in Braunfchweig, fobald es feine Finanz-
lmftände erlaubten, ein Italienifches und nachher ein Fran-
öfifches Theater, welches er, fo viel ich mich erinnere, aus
einer Tafche bezahlte. In der Weftphälifchen Zeit hatte
ine deutfche Truppe unter der Directrice Walter fich in
Braunfchweig kümmerlich erhalten, und was mir nicht
rinnerlich, erfahre ich jetzt durch den Klingemannfchen
Luffatz, daß fchon Herzog Friedrich Wilhelm derfelben
inige Conceffionen zu ihrem beffern Fortkommen gemacht.
Das Theater blieb aber ziemlich fchlecht, und Madame Wal-
er forderte mehrere Unterftützung, wenn es in einen für den
Standpunct Braunfchweigs angemeffenen Zuftand gebracht
verden follte. Die Stadt Braunfchweig ift in der Lage,
hres Handels, ihrer Meffen und ihres ganzen Standpuncts
albеr, es wünfchen zu müffen, daß auch Fremden der
Lufenthalt dort angenehm gemacht werde, und diefes ift
tuch für die öffentlichen Caffen nicht ohne Intereffe. Es
vurde daher, und namentlich noch von dem feligen Gra-
en Schulenburg dafür gehalten, daß während der Minderjährigkeit doch etwas von Seiten des Hofes für das
Theater wohl gefchehen könne und müffe. Zugleich aber
melдeten fich einige der angefehnften braunfchweigifchen Bürger
mit dem Antrage, daß wenn von Seiten des Hofes etwas für
das Theater gefchehen würde, fie fodann durch eine Actien-

16 *

Gesellschaft die Herstellung eines guten Theaters bewirken
wollten. Deshalb wurden ihnen mäßige Beiträge und Vor=
theile, zum Beispiel die Musik durch die Hautboisten bei dem
Militair, aus deren Besseren auf solche Weise leicht eine Fürst=
liche Capelle allmählig organisirt werden könnte, und derglei=
chen, zugestanden, und die Kosten auf die Hof=Staatscasse
mit übernommen. Wie hoch die damaligen Beiträge waren,
ist mir nicht mehr erinnerlich. Die Actien=Gesellschaft kam
zu Stande, und der Umstand schon, daß bei der Auflösung
des Actienbandes, die Actionairs nur ungefähr ⅓ ihrer Ein=
lage wieder erhielten, beweist, daß der Beitrag, der von
Seiten des Hofes gegeben worden, noch lange nicht hin=
reichte, um die Kosten der Entreprise zu decken, also ver=
hältnißmäßig sehr beschränkt war, da das Publicum durch
zahlreichen Besuch des Schauspiels sehr beträchtliche Sum=
men zur Theater=Casse brachte. Die Verbindung würde,
glaube ich, im April 1823 zu Ende gegangen seyn. Ein
halbes Jahr vorher etwa meldete die Direction, sie müsse
wissen, ob das Theater in der bisherigen Art noch fortgehen
werde, weil die Engagements der Schauspieler wieder zeitig
vorher getroffen werden müßten: zugleich aber stellte sie vor,
daß sie schon sehr bedeutend dabei zugesetzt habe, und
verlangte mehrere Beihülfe. Jetzt hatte man nur die Wahl,
entweder das Theater völlig eingehen zu lassen; oder auf
die möglichst wohlfeilsten Bedingungen dessen Fortbestehen
zu sichern. Ersteres mußte in jeder Hinsicht bedenklich er=
scheinen, weil nach dessen Dissolvirung, der Herzog genö=
thigt gewesen wäre, das Theater ganz neu herzustellen,
und Jeder nur einigermaßen Sachkundige wird einsehen,
wie sehr hoch dieses würde gekommen seyn, und die Regierung
würde mit Recht sich dem Vorwurfe ausgesetzt haben, dem
Herzoge durch dessen unzeitige Dissolvirung, diese beträcht=

liche Ausgabe veranlaßt zu haben. Es wurde demnach sogleich gesagt, die Sache solle fortgehen, und über die Bedingungen, um sie möglichst wohlfeil zu erhalten, noch geraume Zeit unterhandelt, so daß man erst über einige derselben später einig wurde, dennoch aber das Versprechen, daß die Sache ihren Fortgang haben solle, längst gegeben war.

Ich glaube nicht, daß die Regierung deshalb einen Vorwurf verdient, wenn man erwägt, daß

a. von Seiten des Hofes seit geraumer Zeit etwas für das Theater geschehen war, daß Braunschweig nicht wohl ohne Theater seyn könne, und daß dieses, ohne einigen Zu=schuß des Hofes, nicht auf eine angemessene Weise bestehen kann.

b. daß zur Zeit, des ersten Contracts der Herzog Au=gust in Braunschweig lebte, welcher dasselbe täglich frequen=tirte, und auch die Prinzen noch eine Zeitlang in Braun=schweig anwesend waren.

c. daß zur Zeit, als es sich fragte, ob man das Actien=Theater wolle bestehen lassen, der Herzog noch nicht majo=renn war, und damals noch nicht bestimmt war, wann er die Regierung antreten würde.

d. daß man den möglichst kürzesten Termin, den, wenn ich nicht irre, von drei Jahren, annahm, um den Herzog nicht länger als nöthig zu geniren, daß aber ein kürzerer Termin gleichfalls nicht angenommen werden konnte, weil die guten Schauspieler sich wohl nicht auf kürzere Zeit engagiren lassen.

e. daß man lange unterhandelte, um nicht mehr zu geben als durchaus unvermeidlich war, und daß man dies endlich zugestehen mußte, um nicht dem Herzoge sogleich die große Ausgabe der Herstellung eines neuen Theaters zu veranlassen.

Was anjetzt besonders herausgehoben worden, die Uebernahme der Garderobe und des Inventars, scheint mir am wenigsten einer Ausstellung zu unterliegen. Konnte das Theater vom Herzoge sogleich übernommen werden, wenn kein Inventar und keine Garderobe da war? Ueberdem war bedungen, daß in Ansehung der Garderobe ein sehr verminderter Preis gegen die Anschaffungs=Kosten gegeben werden sollte, also der Abnutzungs=Verlust der bisherigen Gesellschaft zur Last fiel. Die Garderobe war gewiß noch ganz gut; daß der Herzog sie sogleich nicht gut genug fand, liegt wohl nur in individuellen Ansichten.

Ich glaube demnach noch zur Zeit nicht, daß das Geheime=Raths=Collegium hierin unrecht, sondern nach den Umständen mit reiflicher Ueberlegung gehandelt habe; und wenn die Sache auch anders angesehen werden sollte, so ist es höchstens eine unrichtige Beurtheilung, aber doch wohl nicht eine wissentliche Pflichtwidrigkeit: und das Geheime=Raths=Collegium handelte nicht einmal eigenmächtig, sondern nach dem Gutachten des Hofmarschall=Amtes, welches auch die Unterhandlungen mit der Direction stets besorgte. Wäre das Gegentheil von dem geschehen, was geschehen ist, so würde, da man einmal Ausstellungen machen will, anjetzt eben so gut gesagt werden können, es sey unrichtig gehandelt, daß man das Theater habe eingehen lassen, und also den Herzog des Vergnügens beraubt habe, sogleich ein eingerichtetes Theater zu finden, da man es mit verhältnißmäßig geringen Kosten habe erhalten können, also dem Herzoge die Ausgabe der neuen Einrichtung ersparen können? Mich persönlich trifft der Vorwurf am allerwenigsten, weil ich weder den Vortrag, noch eine besondere Vorliebe für die Sache hatte, also nur consentiendo, wie Alvensleben und Schleinitz gleichfalls, gesündigt habe. Dies letztere wird mir hoffentlich, wenn es nöthig, Graf Alvensleben bezeugen, und ich schreibe alles, was ich hierüber geäußert habe, nur aus dem Gedächtniß über einen Gegenstand, der mir, da ich nicht Referent war, in seinem Detail nicht so bestimmt, wie manche andere Gegenstände, die ich selbst bearbeitet, erinnerlich ist.

Und wozu diese ganze Diatribe, da am Ende gesagt wird, daß der Herzog der Vollziehung des Contracs kein Hinderniß in den Weg gelegt habe, also die Sache erledigt ist, wenn gleich sie ihm nicht angenehm gewesen.

Die Druckschrift, worin dieser Gegenstand bereits verhandelt worden, ist das Mitternachtsblatt, herausgegeben von Müllner und gedruckt bei Vieweg in Braunschweig. In diesem hat der Schauspiel-Director Klingemann einen Aufsatz über Theaterkritik oder Theaterwesen (ich erinnere mich der Rubrik nicht mehr) einrücken lassen, und der Eingang desselben nimmt die Wendung, daß er zuvörderst die Geschichte des Braunschweigischen Theaters voranschicken wolle.

Lightning Source UK Ltd.
Milton Keynes UK
UKHW010753211118
332624UK00007B/436/P